AUTODIDATTA

metodo di
tromba

GABRIEL OSCAR ROSATI

Consulting: Amedeo Pancella
Editing e redazione: Delia D'Angelo
Le basi, gli ottoni e gli arrangiamenti dei brani musicali
sono stati programmati ed eseguiti "live" da Gabriel Rosati
su EnsoniQ MR76 e Roland Fantom.
Final mixing: Domenico Pulsinelli

Il CD audio è stato inciso grazie alla preziosa
collaborazione dei seguenti artisti:
Pierpaolo Tolloso: sax
William Di Mauro: keyboards
Miguel D'Agata: bass
Willie "Paco" Aguero: percussions
Joseph Castanho: guitars

Disegni, foto ed esempi musicali sono stati ideati ed adattati
specificatamente per tale pubblicazione.

the best on-line resource for music
www.carisch.com
click your music everywhere!

Questo album © 2007 da
CARISCH S.p.A.
Via Canova, 55 - 20020 Lainate (Milano)
Tutti i diritti riservati. Ogni riproduzione e/o utilizzazione non autorizzata
verrà perseguita a norma delle leggi civili e penali vigenti. All rights reserved.

Indice

L'autore	4
Introduzione	5
La Tromba	6
Informazioni basilari	7
La Respirazione	10
Addominali, Lombari ed altri muscoli coinvolti	13
Primi Esercizi	15
L'Inspirazione	20
Le 7 Posizioni	21
Lo Staccato	23
Note, Figure, Pause e Valori	27
La Battuta Musicale, il Tempo ed il Punto di valore	31
La Scala Musicale	33
La Legatura di Frase	35
La Scala Cromatica	36
Le Alterazioni - Toni e Semitoni (bemolle, diesis e bequadro)	37
Il Riscaldamento (il "Fluttering")	38
La Diteggiatura	40
Note Acute e Note Gravi	43
Gli Intervalli di 2ª e 3ª	46
L'Intonazione	48
Il Ritmo	50
Solfeggio Ritmico/Lettura	52
Scala di DO Maggiore	53
Pressione Aria - Apertura labbra - Denti	54
Gli Armonici	56
Angolazione dello Strumento e dell'Emissione	57
Gli Intervalli di 4ª	59
Intervalli-legati = Pressione-aria	61
Intervalli di 5ª e 6ª	63
La Lettura	64
Intervalli di 7ª e 8ª	65
Il Vibrato	66
Manutenzione dello Strumento	67
Metodi	69
Discografia	70
Glossario Scale Maggiori e Minori	71
Brani Completi (Play-Along)	74

L'Autore: Gabriel Oscar Rosati

Trombettista, trombonista, arrangiatore e compositore attualmente in tour con Buddy Miles e Deacon Jones.
Nel 2004-2005 in tour con la Tito Puente Jr. Orchestra e "Sonora Dinamita" (gruppo Colombiano di musica Salsa). Dal 1990 negli USA, si è distinto come solista di studio nell'area di Los Angeles, San Francisco e Las Vegas.

Ha appena presentato l'ultimo doppio CD, "**Celebration!**" prodotto in esclusiva dalla Americatone International Records di Las Vegas.
Nel 2001 Gabriel, a Miami per un anno, ha lavorato con il gruppo di Frankie Marcos & "Grupo Clouds" nominati ai **Latin Grammy Awards di Los Angeles**.

Dal 1990 al 1997, negli Stati Uniti, inoltre ha inciso, partecipato a tours e si è esibito con: **Santana**, **Greg Allman**, **John Lee Hooker**, **Bob Mintzer**, Oreste Vilatos, Os Originais do Samba", San Francisco All Star Big Band, Malo, The Checkmates, Latin All Stars e "Nike Brasil" Soccer Team World Tour, Rique Pantoja, esibendosi in tutti gli Stati Uniti, Centro America, Giappone e Nord Europa.
Ha suonato con Jazzisti prestigiosi quali Carl Fontana, Don Menza, John Handy, Bob Mintzer e, nell'ambito del Blues con Willy King.
Per tre anni si è esibito con il proprio gruppo ed altre band in tutti i Casinò più popolari di Las Vegas, (Stardust, Stratosphere, Flamingo Hilton, MGM Grand, Luxor, Four Queens, Boulder Station, Caesar Palace, Harrah's, Ballys…) ed a Festival quali il "Cinco de Mayo" para Latin America, "San Josè Homeless Show" e al **Greek Theatre di Hollywood**, California.

Ha realizzato 11 album da solista (prodotti da Voyage Records, Bumshiva Rec., Dabliù Sounds e Louminas Bloom), di musica Afro-Cubana, Brasiliana, Classica, Jazz e Pop strumentale (quasi tutto esclusivamente materiale originale, più di 70 brani).

Gabriel, di ritorno in Italia ha partecipato al Festival Jazz di Roma '97 (con il brasiliano Zè Duardo Martinis); ha organizzato e diretto una "Perez Prado All Star" con alcuni degli elementi originali del mitico Re del Mambo da Las Vegas, Los Angeles, Mexico City.
Si è esibito con il proprio "Brazilatafro Project" al San Josè Jazz Festival 2004, Vignola Jazz Festival 2001, Foggia Jazz 2000, Parma e Lecco Jazz 2002.
Rosati è anche autore di: "**Latin Brass Solos**" pubblicato dalla ADG Publ. (Los Angeles), "**Note by Note Solo Transcriptions**" from Claudio Roditi per Colin's Publ (New York); "**Milva canta Piazzolla**", "**Per chi suona la Tromba**" e di "**Concerti**" per tromba e Pianoforte" con CD Play-Along (Curci Ed. Milano).
Mel Bay Publicatons ha prodotto e distribuito per Rosati due libri/metodo con CD: "**Latin American Trumpet Music**" e "**The Salsa Trumpet**".
La rivista Americana "Jazz Player" gli ha inoltre dedicato la copertina, Play-along CD e cover story nel numero di Giugno/Luglio '99.
Solista versatile, fino al '90 in Italia ha collaborato con: Pino Daniele su Rai1, Video-Music con Vinicio Capossela ed altri nomi quali James Senese, Massimo Urbani, Elsa Soares, Fred Bongusto e Billy Preston.
Autore di musiche da film, jingles, industrial shows e musiche per cartoni animati; Oscar appare in Video con il cantante di Rap-Latino Gerardo "Darroumba" per la **Capitol Records**.

Introduzione

Impegnarsi seriamente in qualche cosa per riuscire a farla meglio di tutti è una ottima filosofia di vita, ma anche se vorrete imparare a suonare lo strumento solo per diletto, ricordate che la musica può essere appresa da AUTODIDATTA!

Questo è un lavoro nato ed appositamente sviluppato da zero per seguire passo-passo i progressi di un "estudiante" di qualsiasi età, razza, cultura; all'interno ho raccolto tutte idee, consigli ed esperienze acquisiti vivendo da "ricercatore" nei vari Paesi, in tourneè, in studio, video, in esibizioni live, ecc... integrandoli a tecniche e convinzioni personali maturate nel corso di 30 anni di carriera.

Utilizzate questo libro con CD come fosse un programma di esercizi per atleti di Body-Building: iniziate in ordine progressivo, ma dopo il primo periodo lavorate a rotazione su tutte le sezioni sviluppando organicamente la vostra preparazione tecnica.

Cercate insegnanti eclettici che vi possano suggerire in senso positivo e controllarvi periodicamente. Apprezzate dal vivo i Grandi artisti, osservateli, ascoltate in silenzio, chiedete loro ciò che vi incuriosisce; prendete lezioni da strumentisti che vi affascinano, non da "operai della musica". Informatevi, leggete e capite.

Ascoltate tanta BUONA musica! Non confondete la popolarità dei brani con il loro valore artistico (spesso non coincidono...)
I miei consigli non saranno sempre corrispondenti ad altri insegnamenti, ma sappiate comunque che esistono più sistemi efficienti per ognuno di noi, pertanto sperimentate in prima persona e cercate di sviluppare quello ottimale per voi stessi.

Approcciate anche altri strumenti (percussioni, pianoforte, chitarra…), esplorandoli per gioco così da comprendere quali sono i loro meccanismi tecnici e psicologici.

- Ricordate di essere sempre umili.
- Siate positivi con voi stessi e con gli altri.
- Concentratevi sui vostri sogni e desideri, non su quelli dei colleghi.
- Non abbiate fretta!
- Affrontate le difficoltà e superatele in modo vincente, anche a costo di brutte figure o risultati negativi, non vi nascondete!
- Non createvi alibi o "storie" fantastiche per non riconoscere i vostri limiti o difetti.
- Praticate ciò che non vi piace e che vi resta più difficile.
- Considerate bene ogni critica, senza farvi "convincere" dagli adulatori…
- Provate a sopravvivere senza necessariamente esibirvi ogni sera!
- Il nostro lavoro ha un suo valore: non svendetelo!
- Diffidate delle proposte facili ed allettanti...
- Siate persone, prima che musicisti. Aprite la vostra vita alle altre migliaia di meraviglie del mondo.
- Musicista non corrisponde ad animatore o... pagliaccio!
- La musica è una cosa seria.
- Parlate poco.

La Tromba

Date le particolari difficoltà di approccio a questo strumento, relative soprattutto alla prima impostazione e le tecniche per la produzione ottimale del suono, è consigliabile seguire progressiva-mente i capitoli di questo metodo per un apprendimento naturale e spensierato, da *autodidatta!*
(il sistema adottato dai migliori musicisti in America Latina…)

Innanzitutto, la tecnica-base per una corretta impostazione iniziale può essere praticata con un qualsiasi strumento ad ottone (nuovo o usato). L'importante è capire bene "come" e dove posizionare denti-labbra-palato sull'imboccatura e "come" *inspirare-soffiare*, anche senza strumento, cioè usando solo il bocchino per le prime due/tre settimane.
Tenete però presente la differenziazione all'interno della famiglia di strumenti:

TROMBA - TROMBONE (canneggio cilindrico) = suono chiaro;
Emissione d'aria a pressione e compatta:

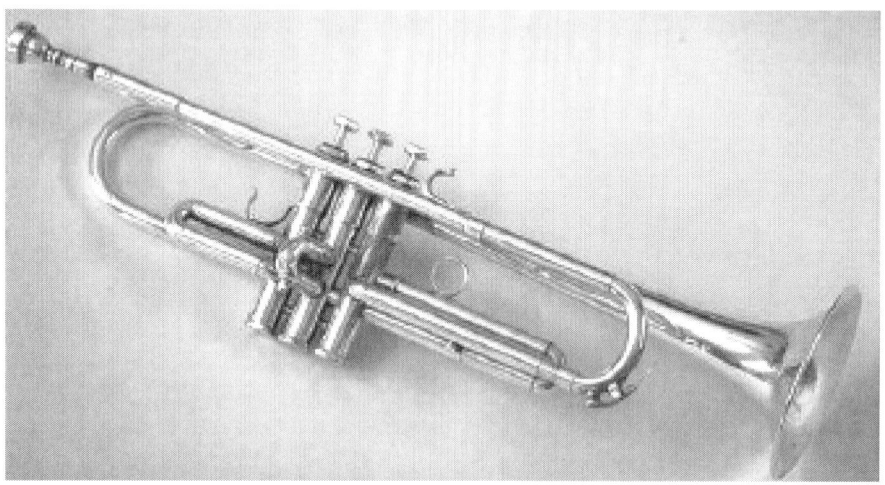

CORNO - FLICORNO - CORNETTA (canneggio conico) = suono più scuro, vellutato
Emissione meno pressante più "rotonda":

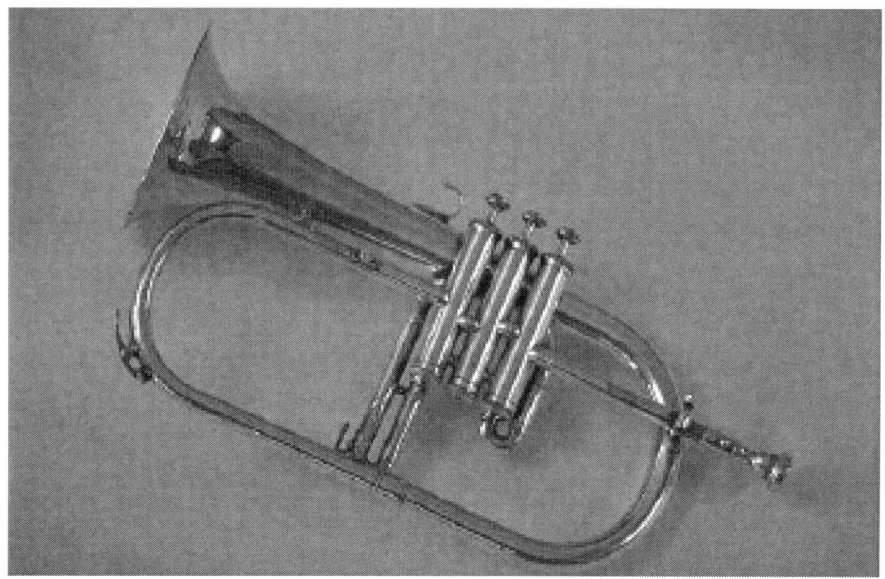

Informazioni basilari

Le caratteristiche fisiche per un primo approccio sono le stesse per tutti gli ottoni, anche se esistono in ogni caso delle particolarità anatomiche da considerare.
Ovviamente vi sono musicisti che fanno eccezione, ma è bene tener conto dei seguenti:

Fattori fisici:
Arcata frontale dei denti a punta (consigliabile per tromba, cornetta, corno)

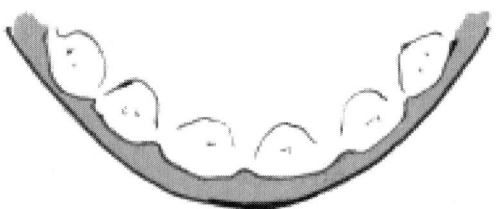

Dentatura meno arcuata con fronte più piatto (indicata per trombone, tuba, eufonio)

Labbro superiore con una piccolo "V" (come da figura sotto) non proprio idoneo per la tromba o cornetta, ma fisicamente più indicato per corno o trombone ed altri strumenti a bocchino grande.

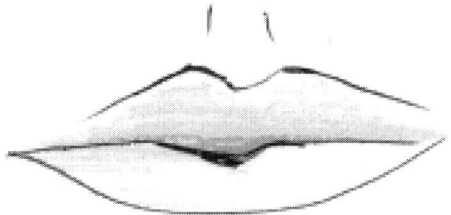

Labbra che, a posizione di riposo, appaiono piatte nella giuntura, permettono un migliore e più libero flusso dell'aria a forte intensità/pressione (bene per tromba, cornetta, trombino).

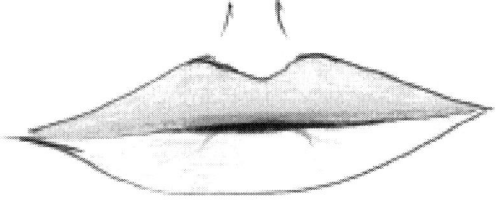

Altro presupposto importantissimo è saper fischiare. Molte tecniche sullo strumento sono perfettamente identiche al fischiare.

Per capire e visualizzare bene l'atto di **inspirare e soffiare** un flusso d'aria costante, esercitatevi con una cannuccia in un bicchiere d'acqua osservando che le bollicine siano sempre in movimento continuo:

Inspirate lentamente dal naso...

Poi soffiate in modo costante, a lungo, osservando attentamente che le bollicine nell'acqua siano sempre "brulicanti" omogeneamente.

Prima di iniziare lo studio dello strumento, dovreste essere a conoscenza di alcuni aspetti fisici molto importanti. Primo tra questi: l'insieme dei *muscoli facciali* del nostro corpo.
Saranno quelli più sottoposti ad esercizio ed è bene che impariate a riconoscerli e "sentirli":

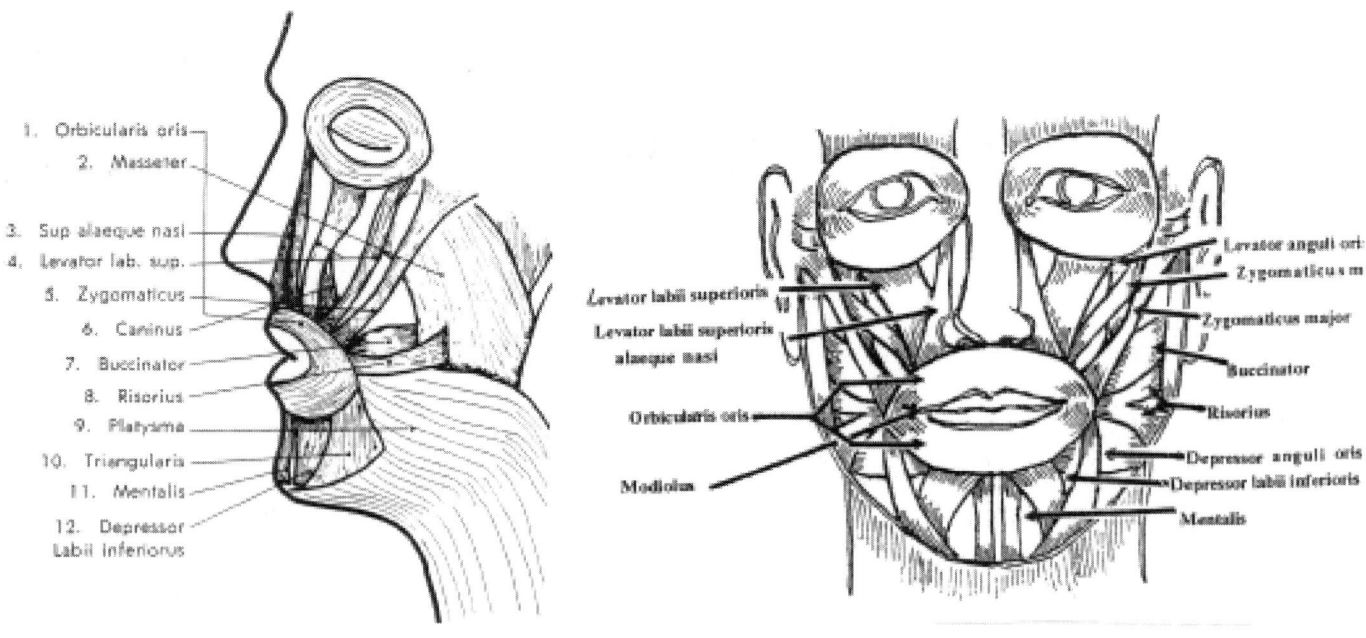

Inoltre, osservatevi quando sbadigliate; il momento dello sbadiglio è fisiologicamente identico al prendere fiato quando si suona: pensateci!
(La gola ben aperta, la lingua appoggiata in basso, inspirazione naturale).

Es:

La Respirazione

Esercizi propedeutici per capire come respirare correttamente e naturalmente.

Nella vita quotidiana, dall'età infantile a quella adulta, siamo portati a respirare automaticamente *poco e male*! Tranne rare eccezioni, *pensiamo* di inspirare ed espirare attivamente quando invece utilizziamo un 30% in meno della totale capacità polmonare, oltre a "riciclare" sempre la stessa aria impoverita di ossigeno. Incide negativamente anche la scarsa integrazione di acqua e sali minerali nel corpo.

Con i seguenti esercizi, provate a migliorare questa funzione vitale, attuandoli quotidianamente. Aprite la finestra e provate ad "inebriarvi" d'aria pulita, senza esagerare per evitare giramenti di testa.
Mantenere il metronomo ad una velocità di 60.
Senza strumento ed in posizione ben eretta:

1)

A.    I°   inspirare per 8 battiti,

II° trattenere in apnea l'aria immagazzinata per 8 battiti,
(ricordate di abbassare spalle e appoggiare l'aria verso
la zona centrale-bassa dell'addome),

III° espirare lentamente in modo costante durante gli 8 battiti.

B.    I°   Inspirare per 8 battiti,

II° espirare tutto in 1 solo fiato,

III° trattenersi in apnea, "vuoti", per 8 battiti.

C.    I°   Inspirare il più possibile in 1 solo battito,

II° trattenere in apnea per 8 battiti,

III° espirare lentamente in 8 battiti.

D. I° Inspirare al massimo, in 1 solo battito,
   II° espirare lentamente in 8,
   III° apnea per 8 battiti.

E. I° Espirare svuotando completamente i polmoni in 1,
   II° inspirare bene in 8,
   III° apnea per 8 battiti,
   IV° espirare in 1 solo fiato.

Effettuate i seguenti esercizi (non tutti nella stessa seduta), a giorni alterni.

F. In piedi con il corpo dritto, petto in fuori:
   I° inalare una respirazione completa,
   II° trattenere l'aria il più possibile,
   III° esalare vigorosamente dalla bocca aperta.

G. Sempre in piedi, con il corpo eretto e le mani lungo i fianchi:
   I° inalare molto lentamente e gradatamente battendo il petto dolcemente con la punta delle dita, su tutta l'estensione del torace,
   II° ritenere il respiro battendo il petto con il palmo delle mani,
   III° espirare tutto.

H. In piedi con il capo dritto:
   I° fare una respirazione completa e ritenere il fiato,
   II° in apnea, inchinarsi in avanti afferrando un bastone e stringerlo,
   III° lasciare il bastone e ritornare alla posizione iniziale esalando lentamente l'aria.

Per **respirazione completa** s'intende sempre un'inspirazione che parte **dal basso** (1), su, espandendo il **petto** (2), alzando lievemente le **spalle** (3) per poi abbassarle naturalmente:

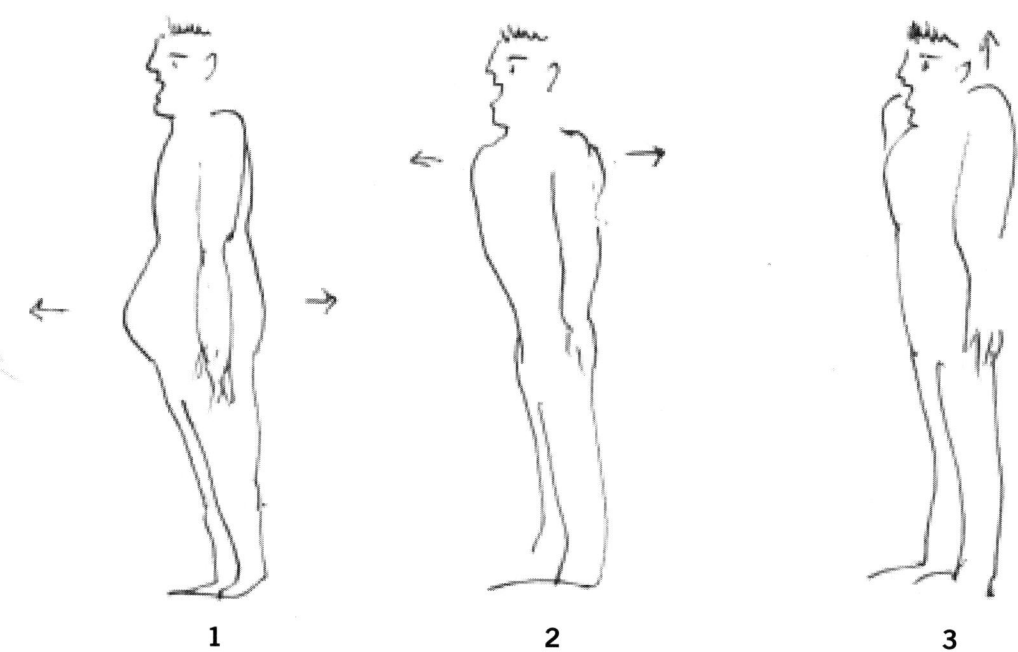

1   2   3

Tali esercizi sono estrapolati da varie tecniche di meditazione, respirazione e arti marziali Orientali.
(Tibetani, Yoga, Tantra, Taoismo, ecc...)

2) Prendere fiato il più a fondo possibile, poi aggiungere altri piccoli "sorsi" d'aria, finché non vi sentirete pieni da "scoppiare"!

3) Seduti su una sedia ben dritti con la schiena, a ginocchia unite, piegatevi in basso, testa in giù, il viso deve arrivare all'altezza delle ginocchia. Inspirare lentamente, espandendo al massimo la zona *intercostale-lombare posteriore*.

4) Soffiare una gran quantità d'aria attraverso lo strumento SENZA BOCCHINO; 8 ripetizioni sono sufficienti per abituarsi a "riempire" lo strumento (senza comunque produrre suoni).

5) Con la tromba completa di imboccatura, esercitarsi a "sparare" suoni incontrollati, fortissimo e senza preoccuparsi dell'altezza, intonazione, attacco o qualità.
Soffiate delle note squillanti immaginando di "inondare" di suono tutto lo spazio ove vi trovate.

Importante è eseguire tali esercizi coinvolgendo tutti i muscoli addominali, pettorali e della schiena. Non tenere il corpo molle o le zone addominali flaccide (inutilizzate).

Addominali, Lombari ed altri muscoli coinvolti

Concentratevi su ogni posizione qui di seguito, interrompendo in caso di stordimento o svogliatezza. Bisogna apprestarsi allo studio in buona forma, in forze e con la giusta predisposizione; non digiuni o stanchi.
È buona abitudine destinare un'area o un piccolo spazio per la pratica della tromba; disporre di un luogo fisso aiuta la concentrazione e vi consentirà di attrezzarvi con metodi, leggìo, metronomo, specchi ed altri utensili.

6) Inspirazioni ed espirazioni lente e profonde, facendo ben attenzione alla parte dei polmoni che si sta utilizzando.

Es:

Pettorali Alti/Clavicolare   Addominali Bassi   Zona Lombare

7) A qualsiasi età, condizioni fisiche o capacità dovrete comunque abituarvi a praticare esercizi **addominali, lombari e pettorali.**
Tali gruppi muscolari sono la struttura portante su cui poggiare e costruire un sistema solido di emissione con gli ottoni.

Addominali Bassi

  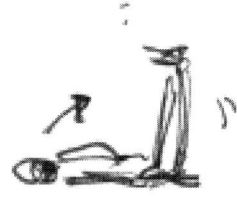 

Addominali centrali

Addominali alti

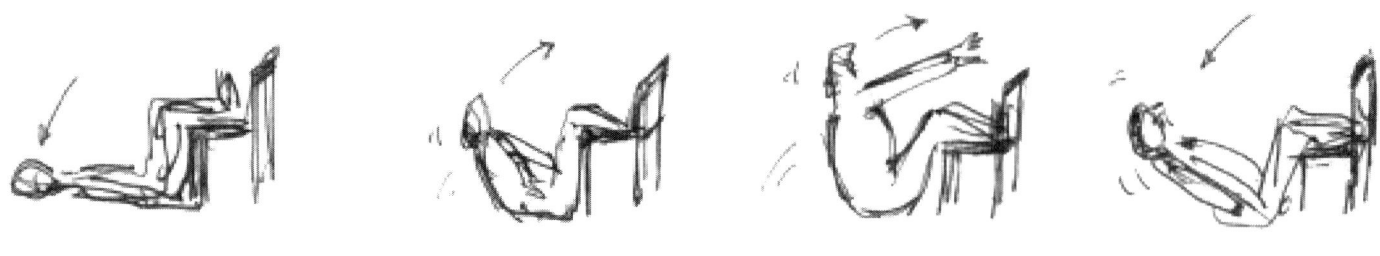

Flessioni

Esercizi per rinforzare la schiena/lombari

Primi esercizi per la corretta posizione del corpo ed impostazione con lo strumento

I seguenti consigli sono basilari per ottenere una "postura" iniziale ottimale:
a corpo libero, abituatevi a stare in piedi ben eretti, con la schiena e le spalle in asse, il petto in fuori, gambe leggermente divaricate ed i piedi paralleli; appoggiatevi "a spigolo" toccando un angolo di muro o di una porta e posizionate una pallina da tennis sotto le braccia (per evitare di tenerle troppe strette o troppo aperte):

palline da tennis sotto le ascelle

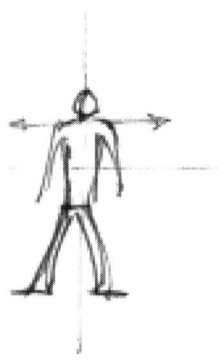  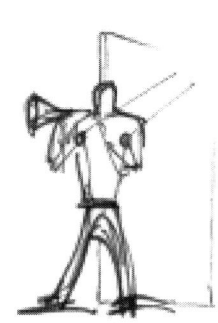

A questo punto, con una bottiglia, come nel disegno sottostante, simulate il gesto del bere, inalando aria per soffiarla via. Tale movimento è utile per esercitare l'assetto della *mandibola in avanti* da praticare successivamente con il bocchino della tromba:

    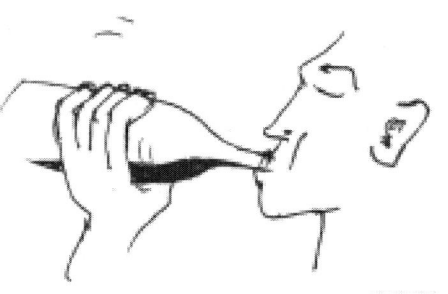

Altro espediente da ripetere spesso e poi trasferire sull'imboccatura è quello di tenere una matita tra i denti con la punta dritta e verso l'alto, chiudere labbra e denti senza stringere troppo, soffiate ed inspirate (dal naso) varie volte mantenendo ben salda la matita.
Provate anche a "sputarla" fuori per verificare la relazione tra **spinta dell'aria** *e la matita che viene proiettata lontano:*

Altre posizioni da imparare: provate ad inserire un cucchiaio in bocca mantenendolo dritto e fermo. Ciò serve a trovare la giusta apertura interna del palato, schiacciando in basso la lingua:

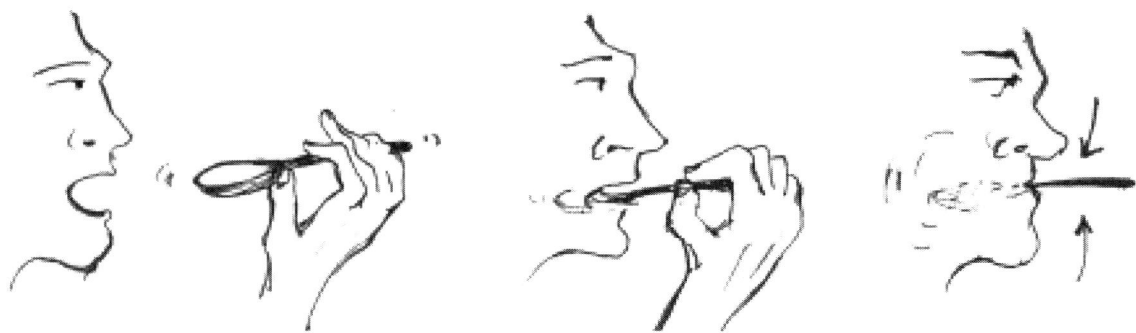

Mantenete con un dito un foglio A4 sul muro; inspirate e soffiate in modo compatto e costante verso il centro del foglio, lasciando la presa e cercando di trattenerlo sulla parete per qualche attimo. Così facendo, esercitate la *pressione dell'aria* e la sua precisa *direzione*:

A questo punto prendete la tromba ed impugnatela così:

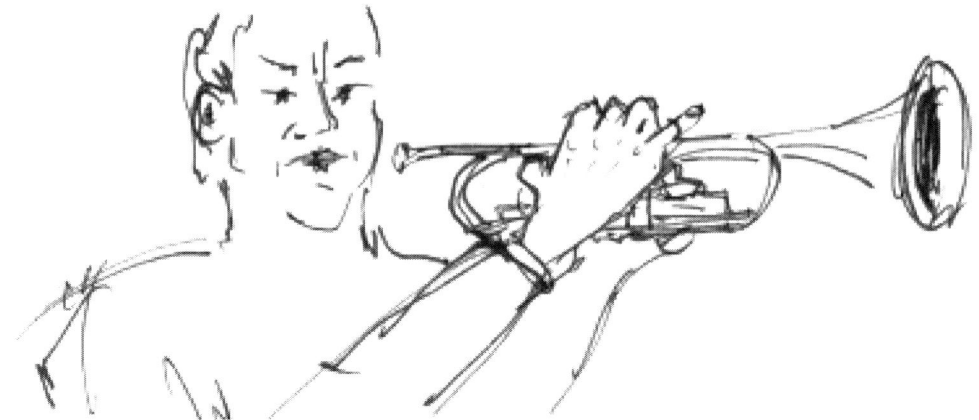

Con pressione e direzione costanti, dovreste essere in grado di produrre delle note chiare.
Inspirate lentamente, e …via!

 TRK 1: Tuning Note, (DO basso, nota da intonare come riferimento iniziale).
Ora soffiate un qualsiasi suono senza premere pistoni, non troppo lungo né troppo corto:

 TRK 2:

Fate attenzione a poggiare sempre il bocchino sulle labbra in modo che sia perfettamente centrato come da esempio sottostante:

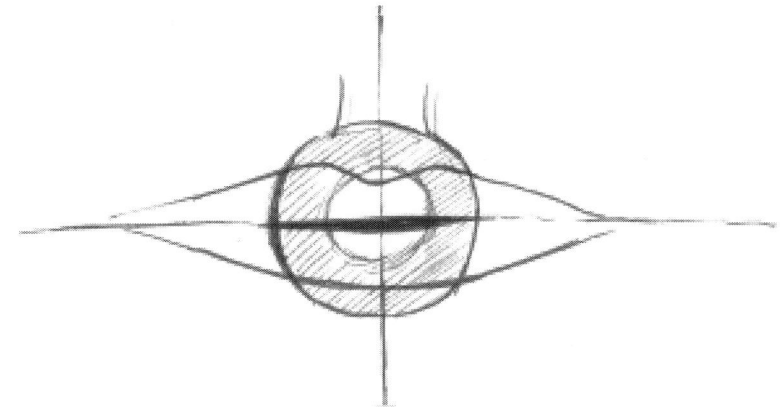

Generalmente quando si suona la tromba, le labbra si inumidiscono naturalmente.
A mio parere, è più comodo mantenerle piuttosto asciutte (comunque resta un fattore personale).

A tale proposito, ricordate che spesso la posizione ottimale delle labbra sul bocchino corrisponde al comune atteggiamento del "fischiare".

 TRK 3:

Tenendo una posizione stabile dell'imboccatura sulle labbra, con una semplice variante di pressione e quantità d'aria, riuscirete ad ottenere più suoni diversi.

*Esempio naturale è lo **starnutire** per produrre suoni compatti, di buon volume e altezza.*

Osserviamo ora la successione di azioni che precedono l'emissione del suono:

1. inspirare bene,
2. compattare l'aria nel basso addome,
3. emettere il suono sincronizzando *bocca-denti-lingua*.

1. Inspirare bene significa a fondo e lentamente, facendo abbassare velocemente il diaframma ed alzando lievemente il petto per "aprire" ossia espandere la capacità polmonare:

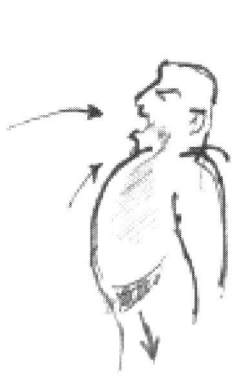
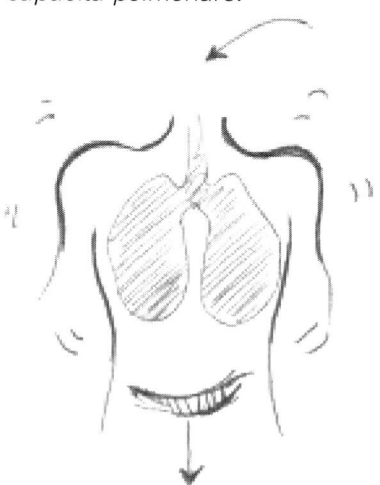

2. Bloccare questa massa d'aria verso il basso in modo da controllarla e compattarla:

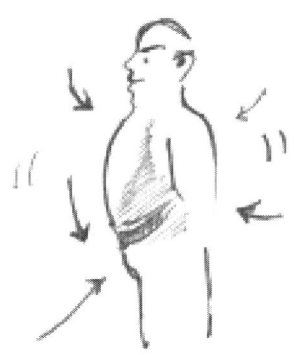
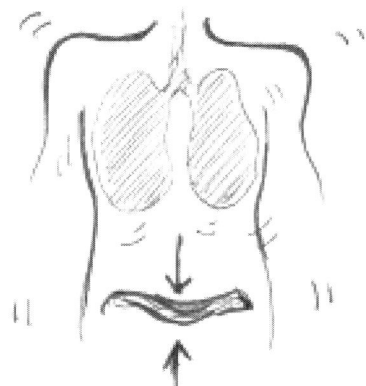

3. Emettere il suono appoggiando il bocchino correttamente sulle labbra e con i denti-palato-mandibola in atto di "sputare":

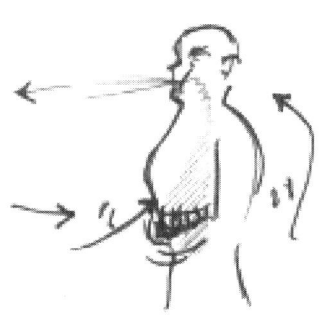
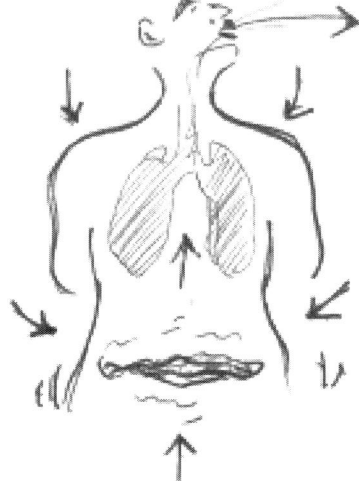

Denti sempre aperti!

Per semplificare il concetto di spinta del "soffio", pensate al "gioco-scherzo" di voler spaventare qualcuno (come quando ci si apposta dietro una porta per poi gridare tutto d'un colpo: "Bùhm!"...)
Quel grido in un solo fiato, all'improvviso, costituisce il sistema per produrre le note medio-alte con la tromba.

Es:

Per **sostenere e controllare** il flusso d'aria, praticate per alcuni minuti al giorno il seguente esercizio:
con un "bastone" di legno/plastica da un metro e mezzo circa (tipo manico di scopa), appoggiato a mezz'aria tra il muro ed il vostro corpo (all'altezza dell'ombelico), suonate normalmente cercando di spingere l'aria con gli addominali bassi. Così facendo, la stecca dovrà restare ferma.
Vi abituerà a non suonare con i muscoli addominali troppo rilassati

Es:

È importante acquisire le corrette abitudini se volete dedicarvi ad uno strumento ad ottone: siate metodici e pazienti, praticate lo strumento ogni giorno e con concentrazione.
Quando si suona, **accendere "il cervello"!**

L'inspirazione

L'operazione del prendere fiato è un altro momento importante da analizzare con attenzione.
Questi sono i tre sistemi:

1. *Dal naso;* lento ma buono per emissioni lunghe e controllate.

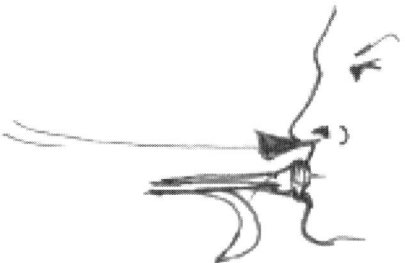

2. *Dagli angoli della bocca;* più comune ed efficiente per l'immediatezza (mantiene ben ferma la impostazione).

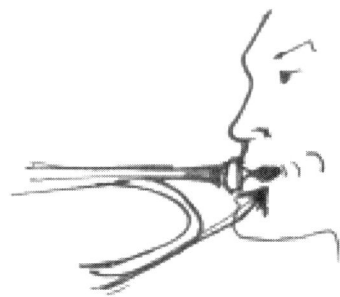

3. *Bocca e naso insieme;* per esecuzioni faticose; permette una resa massimale.

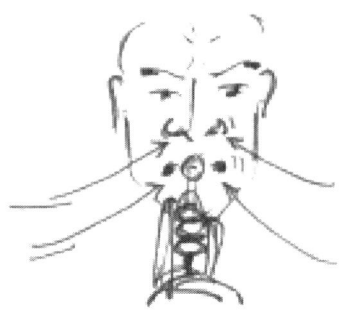

N.B. Altro espediente consiste nel prendere fiato "*attraverso*" lo strumento stesso, dal bocchino... aiuta a mantenere ferma l'apertura delle labbra e dei denti.

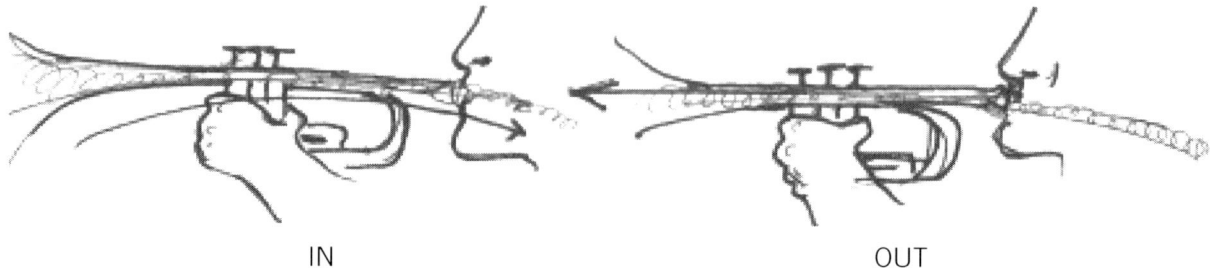

IN OUT

Le 7 Posizioni

Su questa tabella sono indicate le 7 posizioni della tromba (combinazioni dei 3 pistoni), con le relative note principali da memorizzare:

1ª posizione =

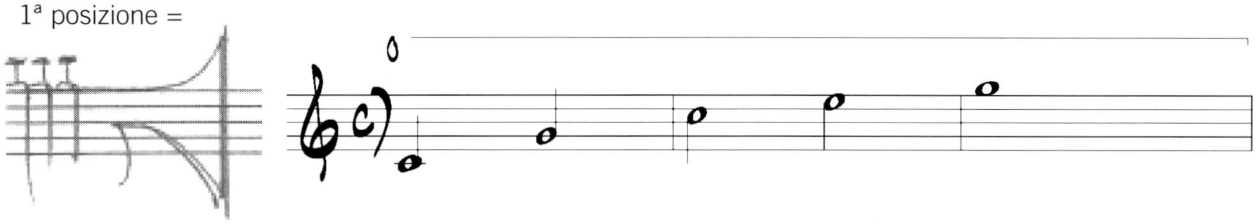

2ª posizione =

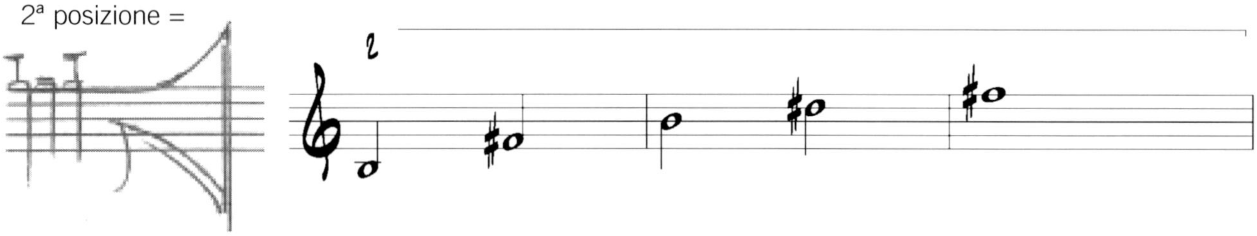

3ª posizione =

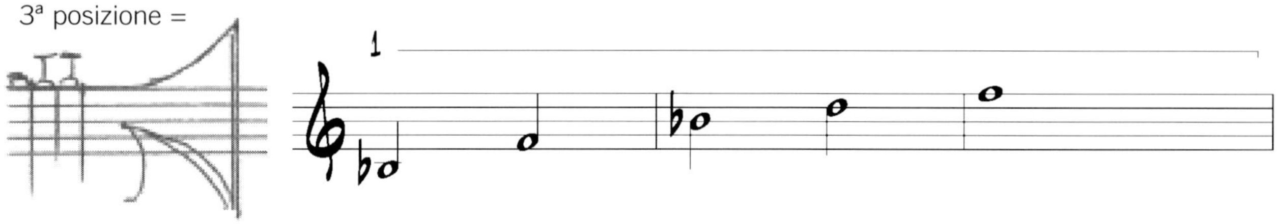

4ª posizione =

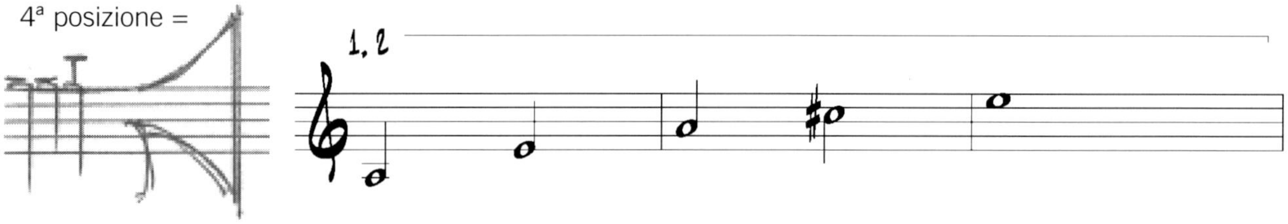

5ª posizione =

6ª posizione =

7ª posizione =

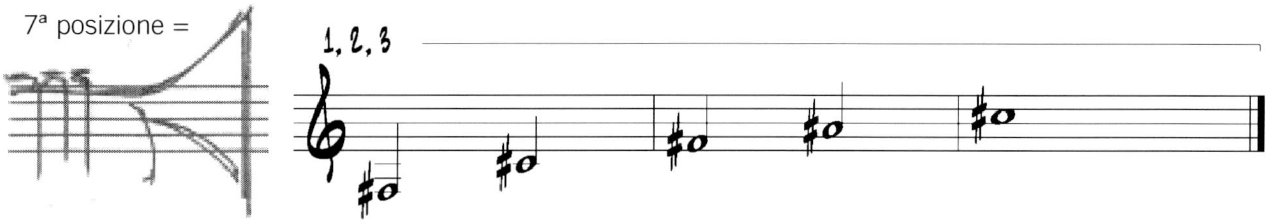

Fate molta attenzione all'*apertura delle labbra*: tenerle un po' aperte per ottenere i suoni più gravi; e, mantenendo l'impostazione del corpo-strumeto ferma, esplorate le note possibili variando solo *quantità e pressione dell'aria*.

Ricordare sempre i punti-chiave: mandibola avanti, denti non serrati, labbra appena vicine, buona pressione dell'aria, tromba dritta, corpo con il baricentro basso, respirare prima di ogni nota.

 TRK 5:

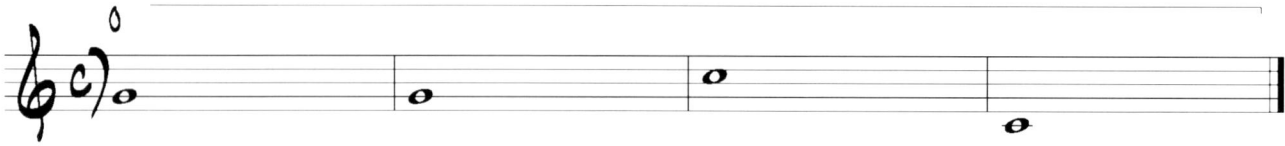

È ottima abitudine praticare in luoghi non troppo grandi, senza eco o riverbero, ove si possa suonare a qualsiasi volume senza timori di sorta; se necessario, insonorizzate la stanza in cui praticate con pannelli di polistirolo, sughero, tappeti o contro-soffittature.

Occorre suonare in condizioni acustiche "svantaggiate" per raggiungere e consolidare un buon "sound" naturale. Osservatevi spesso ad uno specchio per controllare la postura del corpo e del viso.
Alternate i suoni senza preoccupazioni: intonazione, errori o brutture sono all'ordine del giorno. Provate note diverse pensando: *cosa cambia?*

 TRK 6:

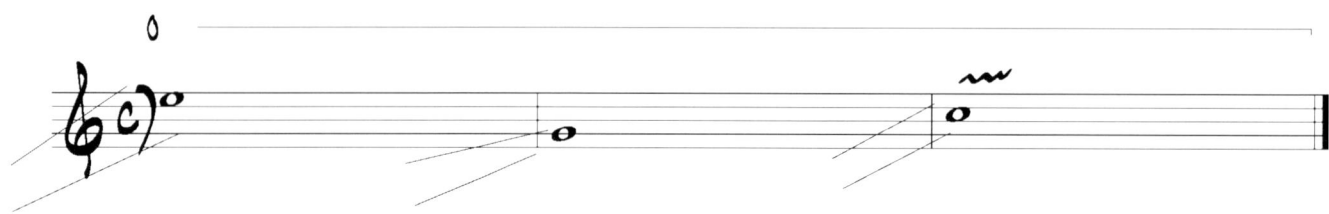

Tecnica importantissima è **lo staccato** (ossia il suonare la nota con un colpo di lingua).
Per mantenere l'assetto d'impostazione fermo conviene appoggiare il bocchino e provare l'attacco di qualsiasi nota con la punta della lingua appena tra le labbra, ritraendola subito indietro soffiando (immaginate di voler sputare lontano un chicco di riso o un residuo di cibo).
Il suono dovrebbe risultare bello, metallico e forte, (tipo clacson).

 TRK 7:

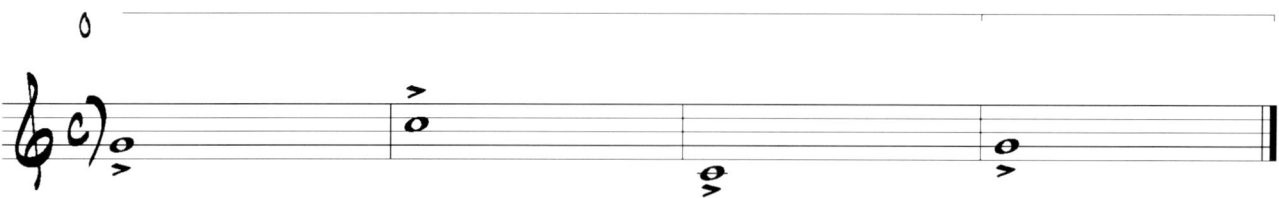

Lo Staccato

Per ottenere ed automatizzare i vari passaggi dello "staccare" una nota in modo definito, osservate le seguenti foto (ove si utilizza un appoggio vuoto per visualizzare la dinamica).

Inspirare abbondantemente con la mandibola
in avanti e la lingua tra le labbra:

Bloccare l'aria con la lingua, a labbra socchiuse:

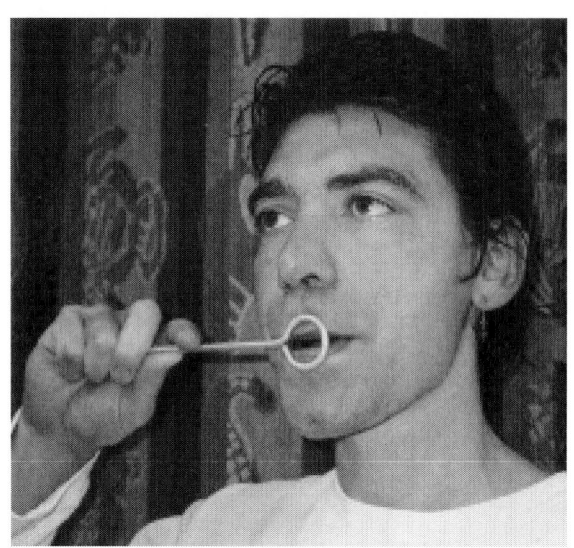

Rilasciare il soffio ritraendo velocemente la lingua
all'indietro per far posto al flusso d'aria.

Visione frontale:

Pensate il suono pronunciando TAH… oppure TOH…

Provate ad eseguire regolarmente l'evoluzione dei movimenti per lo staccato in modo da automatizzare e memorizzarne la giusta sensazione:

Preparare la punta della lingua, spingendola in fuori…   *E poi ritrarla velocemente per soffiare.*

Ricapitolando:

1. tenere la mandibola avanti per allineare i denti;
2. inspirare dal naso e/o dai lati della bocca;
3. mantenere la lingua adagiata in basso e solo la punta appena tra le labbra;
4. sentire la compressione dell'aria nella parte addominale bassa (da liberare appena la lingua "stacca");
5. tenere compatte le labbra per il contatto con l'imboccatura;
6. pronunciare indifferentemente THOUH, TAH, DTOH (suoni aperti).

Lo staccato è un modo di suonare che va praticato con moderazione, quindi alternatelo con altri esercizi di diverso tipo (più rilassanti).

È bene specificare fin dall'inizio che esistono *vari tipi di staccato*.
Anche la dentatura personale gioca un ruolo importante: imparate a capire presto quale sia l'articolazione dello staccato più congeniale alla vostra struttura anatomica-mandibolare.
Ad esempio, vi sono persone con denti piccoli e vicini (ottima predisposizione al trombino, corno e musica classica), denti distanti ed incisivi alti possono risultare adatti a "lead trumpet" (acutisti);
la lingua spessa (adatta a stili Afro-Cubani e Jazz), ecc…
Provate, tra le seguenti possibilità, la posizione più confortevole ed immediata per l'articolazione della lingua:

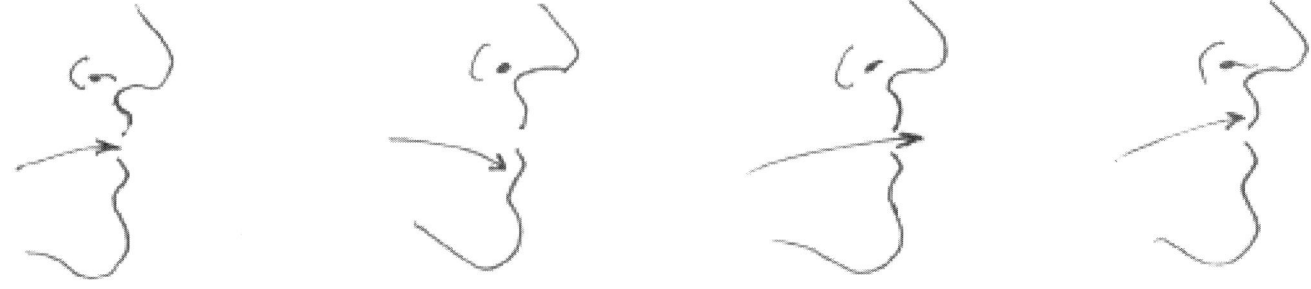

Eseguite i prossimi esercizi riposandovi spesso; respirare bene e lentamente ad ogni inizio di rigo musicale suonando ogni nota con colpo di lingua. Fate attenzione a captare un suono "a campana", cioè ogni nota come un rintocco.

 TRK 8:

Ricordate che lo staccato "pesante" (con la punta della lingua fuori dalle labbra) è più lento del tipo "leggero" ossia colpendo la parte interna dell'attaccatura superiore dei denti con la gengiva ("TCH, TCHZ"...). Nel tempo scoprirete che per esecuzioni precise, pulite e veloci, lo staccato leggero "interno" è da prediligere rispetto a quello più marcato "esterno", adatto a fraseggio jazzistico, militare e latino-americano.

Inoltre, ciò che varia è la quantità del flusso d'aria:
STACCATO ESTERNO = SOFFIO PIENO E SOSTENUTO
STACCATO INTERNO = SOFFIO SOTTILE (pensate ad una colonna d'aria tipo cannuccia).

Osservate attentamente le seguenti foto e provate a ripetere le stesse sequenze per apprendere correttamente i passaggi di "appoggio" e attacco della nota:

Foto 1

Far calare l'imboccatura preparando la mandibola;

Foto 2

Inspirare bloccando l'imboccatura con la lingua;

Foto 3

Rilasciare l'aria togliendo la lingua di colpo;
(Thouh..!)

Foto 4

Far fluire il soffio senza stringere;
le labbra vibreranno liberamente producendo un suono pieno e costante.

Note, Figure, Pause e Valori

Per iniziare a leggere la musica occorre un metronomo di riferimento. Fate in modo di seguirlo, iniziando con il peso al segnale 60.
I primi tempi, abituatevi a tenerlo in funzione qualsiasi esercizio dobbiate praticare (ovviamente utilizzando la velocità più confacente di volta in volta). Provate a suonare il seguente esercizio usando le 7 posizioni discendenti, partendo dal SOL e dal DO centrale, insieme alla traccia audio. A TEMPO!...

 TRK 9:

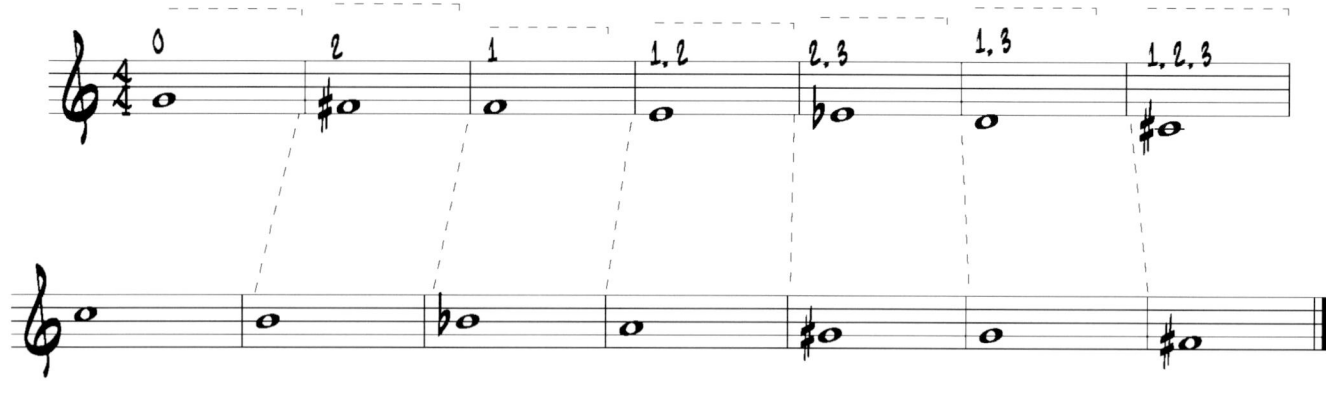

(STESSE POSIZIONI MA PIU' FORTE)

Iniziate ad acquisire un sistema per leggere le note sul pentagramma.
Dal basso in alto, ricordate le **note musicali** sono:

Imparate a leggere e riconoscere i nomi delle note su qualsiasi spartito abbiate sotto mano. Memorizzate almeno queste prime *figure musicali, pause e valori* in modo da poter leggere e suonare correttamente:

SIMBOLO	NOME	PAUSA	DURATA
𝅝	semibreve	▬	4/4 (4 battiti)
𝅗𝅥	minima	▬	2/4 (2 battiti)
♩	semiminima	𝄽	1/4 (1 battito)
♪	croma	𝄾	1/8 (mezzo battito)

Cominciamo a mettere in pratica i concetti analizzati finora; leggete, cantate e poi suonate con lo strumento il seguente esercizio riepilogativo, respirando velocemente quando vedete il segno: **V**.
Per ora, in alto su ogni nota, vedrete indicati i pistoni da premere ed in basso i battiti di valore:

 TRK 10:

Potrebbe risultare difficile produrre i suoni esatti pur utilizzando la giusta diteggiatura.

La quantità e pressione dell'aria vanno aumentate in modo direttamente proporzionale all'altezza dei suoni da produrre: se per suonare un **SOL centrale** sul pentagramma (2° rigo) occorre una *"forza 5"*, per un **DO basso** (sotto il pentagramma) sarà sufficiente, invece, *"forza 3"*; per il **DO centrale** (3° spazio): *"forza 9"* e via dicendo...

Con calma e ben concentrati su ogni nota, a volume medio, eseguite la successione in ordine decrescente e crescente sulle 7 posizioni partendo dal Do centrale.

 TRK 11:

Proprio *la qualità del flusso dell'aria* è un elemento cruciale per ogni fiatista; imparate a percepire di volta in volta il tipo di inspirazione-espirazione che state utilizzando.

A tale riguardo è di grande aiuto suonare note lunghe di diversa altezza e volume con le orecchie tappate e ad occhi chiusi.

Sembra esagerato ma è l'unico sistema che ci costringe a "sentire" realmente il nostro corpo **dall'interno!**

NON COSÌ   MA COSÌ

"Attaccare" e mantenere il soffio a seconda dell'altezza delle note da ottenere. Dosando l'aria, scalate i suoni dal più alto al più basso (come da esempio):

 TRK 12:

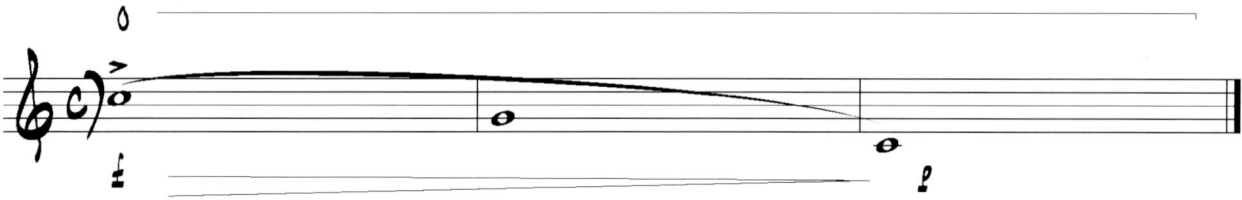

Tenere le labbra ben ferme specie ai **lati della bocca**:

La vibrazione deve avvenire tra **aria - labbra - bocchino** e non solo tra le due labbra!
Sappiate, infatti, che far vibrare solo le labbra tra loro produce una sonorità scarna e di poca durata (ecco perché c'è la tendenza a stancarsi subito…).

Suonate per ogni posizione le prime tre note *(armonici)*, tenendo ben presente la differenza di "forza" e quantità dell'aria da usare (esempio delle bottiglie disegnate).

 TRK 13:

Ricordatevi di praticare tenendo d'occhio la vostra impostazione costantemente su uno specchio (a terra e/o piccolo da apporre sullo strumento).

È molto importante! (Guardate bene i muscoli facciali, mandibola, testa, denti, il corpo intero come se qualcun altro vi stesse osservando).

Abituatevi a leggere e cantare a orecchio ogni esercizio/brano facendo corrispondere le note scritte ai suoni reali.

La Battuta

È chiamata *battuta musicale* lo spazio delimitato da stanghette contenente note e/o pause che racchiudono il valore indicato all'inizio del brano. Questa è il principio logico-matematico della scrittura musicale in generale. Dopo la chiave di violino, è indicato il **tempo musicale** mediante una frazione numerica (4/4, 3/4, 2/4, 6/8,..), che costituisce la suddivisione base del solfeggio.

Es. A:

Un brano è costituito da più battute; in chiusura, si trovano sempre 2 stanghette verticali. Nel leggere e suonare la musica l'unità di riferimento è la semiminima che corrisponde ad un battito del metronomo.

TRK 14:

Il Punto di Valore

Si tratta di un puntino che va posto alla destra della nota per aumentarne il valore della sua metà.
Ad esempio:

MINIMA = 2/4   MINIMA + PUNTO   = 2/4 + 1/4 = 3/4
SEMIMINIMA = 1/4   SEMIMINIMA + PUNTO = 1/4 + 1/8 = 3/8

    𝅝 .   (SEMIBREVE + PUNTO DI VALORE)
4 + 2 = 6 BATTITI (6/4)

    𝅗𝅥 .   (MINIMA + PUNTO DI VALORE)
2 + 1 = 3 BATTITI (3/4)

    ♩.   (SEMIMINIMA + PUNTO DI VALORE)
1 + ½ = 1 BATTITO E MEZZO

ESERCITAZIONE: completare i seguenti pentagrammi con note o pause a piacere in modo da raggiungere l'esatto valore indicato dal tempo all'inizio di ogni brano (e cantarlo):

Es. B:

Es. C:

Es. D:

TRK 15:

Nota: le crome vanno contate ed eseguite come due in un battito (semiminima), dello stesso valore.

La Scala Musicale

La scala è una successione di 8 suoni, dalla *tonica* (o nota-radice, la stessa di partenza e di arrivo) toccando i vari *gradi* (tutte le 7 note), fino alla stessa nota di origine ad un'altezza superiore di suono (ottava). La successione può iniziare da una nota qualsiasi in senso ascendente e discendente.

La scala del DO M (maggiore):

 TRK 16:

I numeri sopra ogni nota indicano i pistoni da abbassare; ricordate che si contano in ordine dal 1° (quello più vicino all'imboccatura).
Seguire il **crescendo**, respirare ad ogni nota e, da un volume ***piano*** progressivamente al ***forte***, ridiscendere diminuendo la pressione dell'aria.

"Bloccate" mandibola, denti e labbra nella stessa posizione, inspirando possibilmente solo attraverso il naso.

A questo punto bisogna introdurre la questione del bilanciamento tra: ***pressione-aria*** / ***pressione strumento***

Fattore fisico rilevante è la pressione intesa come forza esercitata dallo strumento verso il corpo (la bocca) da una parte, e la forza opposta dal corpo (soffio) attraverso la tromba, dall'altra.
Spesso si riscontra un difetto di bilanciamento di tale pressione:

- **d'aria** (non prendendo sufficiente fiato o non spingendo adeguatamente)
- **dello strumento stesso** (troppo pressato sulle labbra o troppo poco!)

Entrambi sono dei particolari che dovrete sperimentare con calma e consapevolezza.

Il risultato deve essere: massimo rendimento con il minimo sforzo.

Se avete difficoltà o "pesantezza" nel suonare c'è qualcosa che non funziona: riposatevi più spesso, non suonate di seguito troppo a lungo. Studiate in sessioni di un quarto d'ora/mezz'ora con altrettanto riposo, in vari momenti della giornata. Ciò che conta è costruire una buona "routine" di studio quotidiano e produttivo (senza avere fretta).

La Tromba va praticata poco e spesso!

Suonare staccato il seguente esercizio, ricordando che il movimento della lingua deve essere veloce per permettere il passaggio del soffio affinché il suono non cali di intonazione;

 TRK 17:

Controllate sempre i suoni da produrre su un pianoforte, fisarmonica, chitarra o flauto dolce.

Questo perchè il nostro DO corrisponde, in realtà, sempre ad un Si♭. Ecco perchè viene chiamata **tromba in Si♭**, di conseguenza la maggior parte della letteratura musicale moderna è già impostata in questa chiave. Tuttavia sappiate che esistono altri modelli in diverse chiavi (DO, MI♭, LA, FA) per repertorio orchestrale, bandistico, tradizionale ecc...

Quindi, il nostro DO (della Tromba)　　　Corrisponde　　　　　　ad un SI bemolle (del piano):

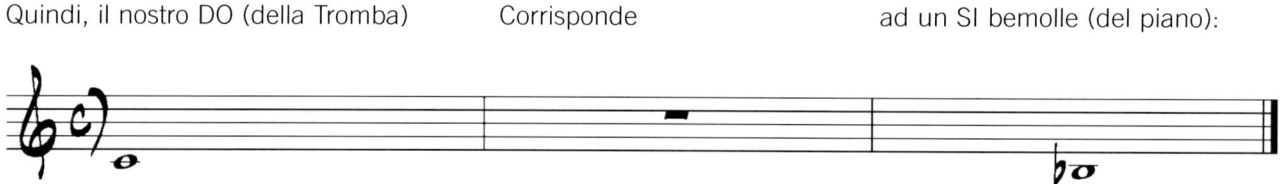

Per praticare e acquisire dimestichezza con le varie scale consultate la sezione specifica con le relative tracce audio in appendice al manuale.

La Legatura di frase

La legatura indica il modo di suonare due o più note senza usare la lingua, ossia soffiando di continuo e abbassando solo i pistoni per cambiare i suoni. L'effetto sarà più morbido e dolce.
Ricordate di sostenere il fiato! Così facendo l'intonazione delle note non cada.

Rimane ben inteso che bisogna inspirare a fondo, prima della frase ed usare la lingua per la nota di partenza.
Esempi:

TRK 18:

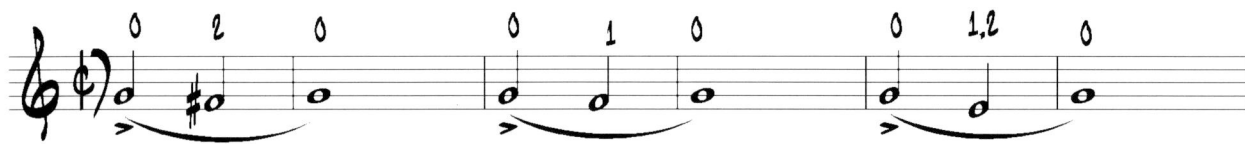

Di regola, quando le note sono ascendenti bisogna spingere l'aria, se discendenti basta "allentare" lievemente la pressione. Ora alternate *staccato* con *legato* nel seguente esercizio:

TRK 19:

Assolutamente importanti restano tuttavia le prime regole di impostazione: controllate sempre la posizione della mandibola in avanti, palato e denti aperti, labbra socchiuse, pressione bilanciata di aria-strumento sulla bocca. Fate convergere i muscoli facciali verso il centro dell'imboccatura:

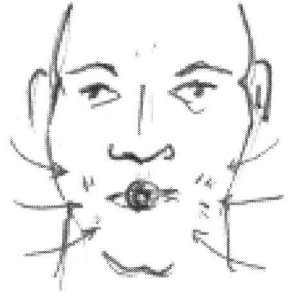

Ogni esercizio non deve essere praticato necessariamente dall'inizio alla fine; l'importante è ottenere un suono chiaro, bello e possibilmente senza troppi errori.

 TRK 20:

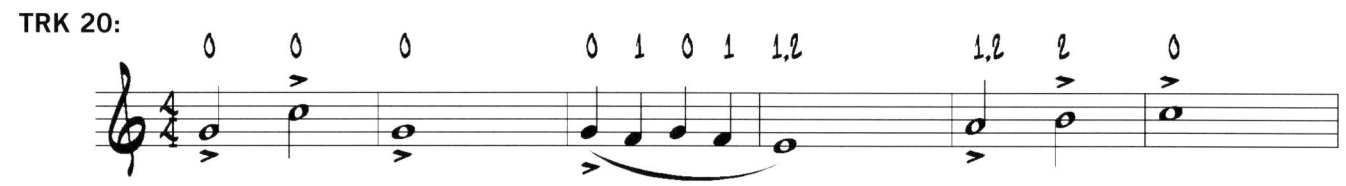

Cantate e poi suonate una facile melodia (come per esempio: "Jingle Bells"):

 TRK 21:

Da questo punto in poi cercate di ricordare le posizioni corrispondenti ad ogni nota in modo tale da automatizzare la lettura musicale (ossia la corrispondenza delle note con le posizioni sui pistoni).
Memorizzate la seguente **scala cromatica** così da poter sviluppare la vostra tecnica sulla tromba (premete i pistoni bene a fondo, velocemente e con i polpastrelli in modo deciso).
Per allenare le dita sui pistoni, svitate i bottoni di madreperla e suonate senza per un po' di tempo (alcune settimane).

La Scala Cromatica

 TRK 22:

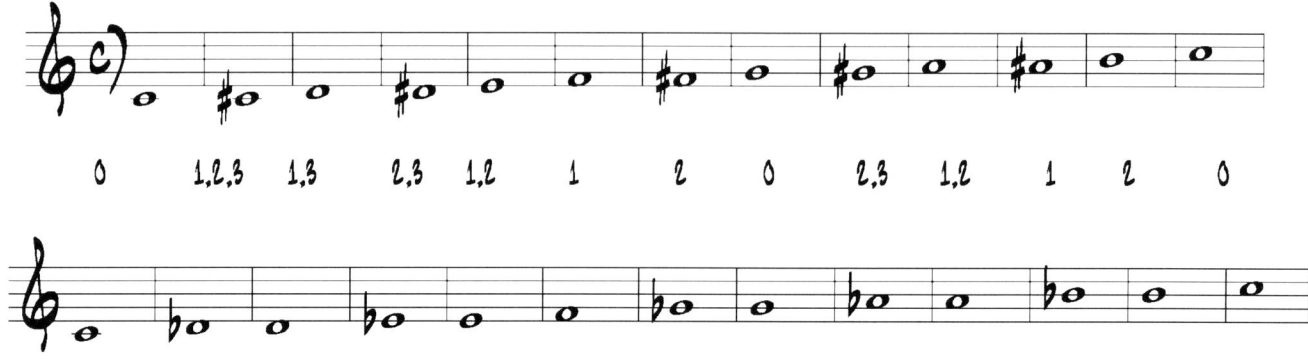

Notate che per ogni nota è segnata la corrispondenza sia in DIESIS che BEMOLLE.

Le Alterazioni - Toni e Semitoni

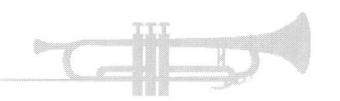

Si intendono con la parola *alterazioni* tutte le note musicali non "naturali": **bemolli** e **diesis** (corrispondenti ai tasti neri del pianoforte o fisarmonica).

Dal sistema "bentemperato" inventato da Bach, la musica del mondo occidentale si è basata su una successione di 12 suoni, tutti equidistanti tra loro, chiamati **semitoni** (metà tono).
Questa "unità di misura" è il metro standard che ci permette di riconoscere sistematicamente qualsiasi tipo di intervallo, accordo, sonorità, atmosfera musicale.

In questa "scalinata" virtuale, le stesse note possono essere chiamate per esempio:
Sol♭ (bemolle) = Fa♯ (diesis), Mi♭ = Re♯, ecc…
Il segno ♮ (bequadro) ristabilisce la nota al naturale.

Tali "accidenti" con la tromba non hanno particolare difficoltà tecnica basta ricordare le posizioni dei pistoni.

Schema Alterazioni:

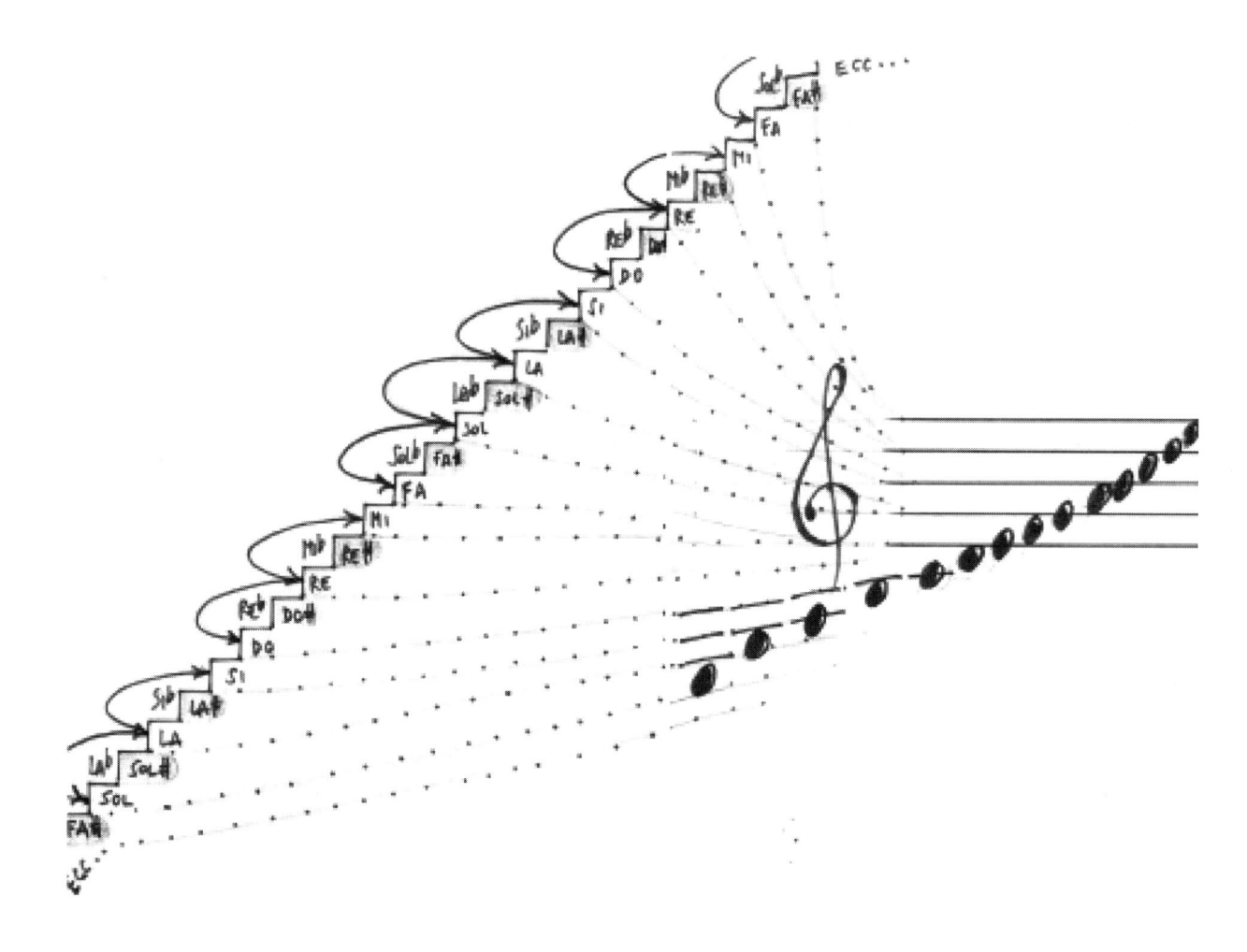

Come potete osservare, il diesis si utilizza ascendendo mentre il bemolle discendendo.

Il Riscaldamento

RISCALDARSI significa PREPARARE IL CORPO E LO STRUMENTO AD UNA ATTIVITÀ FISICA.

Come gli atleti prima di fare attività scaldano i muscoli, così lo strumentista prima di suonare dovrebbe scaldare labbra, strumento e preparare l'apparato respiratorio.

TRK 23:

Ecco degli esercizi di riscaldamento efficaci:

1. **Fluttering** (soffiare a labbra semi-rilassate facendole vibrare a mo' di cavallo...);
2. Ampi respiri a vuoto (possibilmente ruotando la testa per rilassare spalle e collo);
3. Soffiare aria calda **lentamente** attraverso lo strumento;
4. Far vibrare le labbra soffiando liberamente nella tromba **senza produrre suoni**.

Tutto ciò per una durata variabile, da 2 a 5 minuti.

Successivamente potete iniziare a suonare qualcosa di non troppo pesante o articolato, come le tipiche *"note lunghe"* (senza esagerare con durata, volume o tensione, il più tranquillamente possibile).

TRK 24:

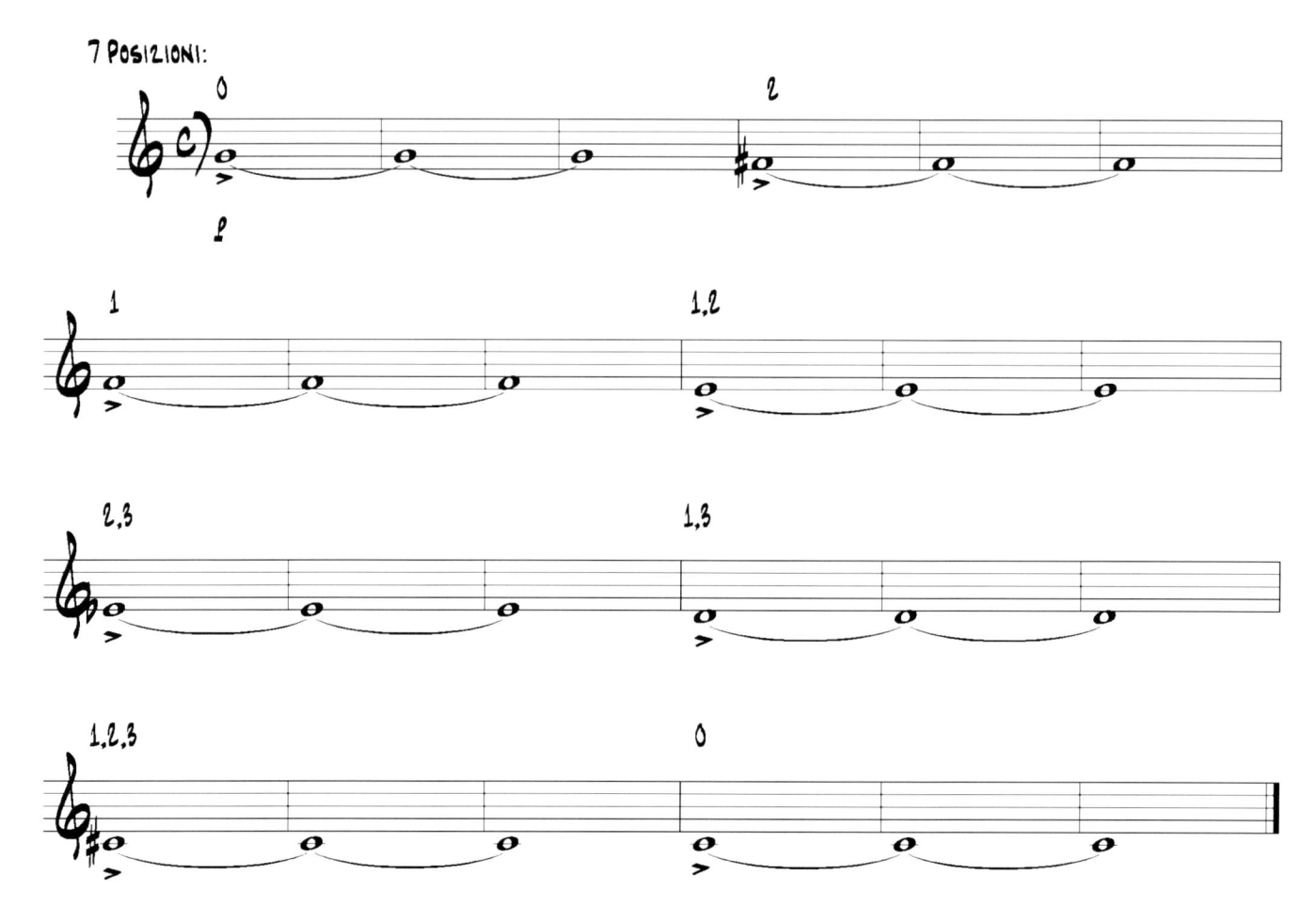

Utile per la chiarezza del suono, autocontrollo dell'emissione ed auto-rilassamento, il "**Fluttering**" consiste in una evoluzione/invenzione recente del vecchio concetto di riscaldamento (una sorta di "stretching" facciale) *prima di suonare*, durante e *dopo* l'esecuzione (aiuta a sciogliere la tensione prevenendo eventuale affaticamento nervoso e muscolare).

Imparare a gestire e alternare i 2 tipi di **Fluttering**:

1. A DENTI STRETTI-CHIUSI (per riscaldarsi in pochi secondi ed essere presto efficienti).

TRK 25:

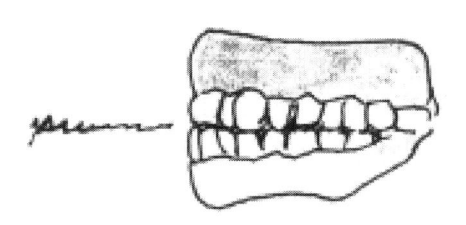

2. A DENTI APERTI-LARGHI (per allentare e riposare le labbra, quando si stancano)

TRK 26:

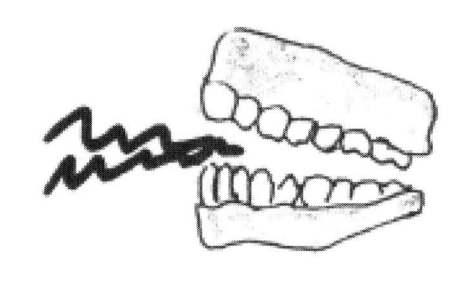

Non sottovalutate questa tecnica poiché per quanto sia semplice e banale, risulta davvero efficace.

La Diteggiatura

Si tratta dello sviluppare la velocità delle dita nell'abbassare i pistoni.
Pur essendo i tasti della tromba solo tre (o quattro in certi modelli), *la diteggiatura* costituisce un aspetto tecnico molto importante.

È bene, quindi, fin dall'inizio concentrarsi con cura su tale funzione. Sincronizzate, dunque, l'abbassamento dei pistoni o chiavi con l'emissione dell'aria, il movimento della lingua e la lettura musicale.

Per esercitare la diteggiatura, (come precedentemente suggerito) svitate i "bottoni" dei tre pistoni ed eseguite anche gli stessi esercizi impugnando la tromba alternativamente con la mano destra e sinistra.
Esempio:

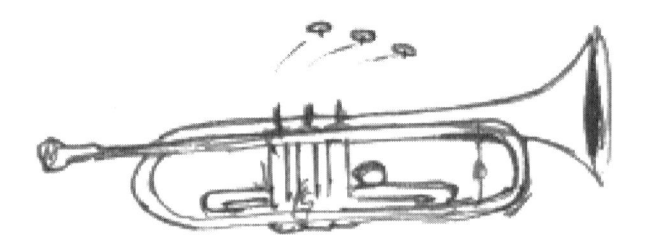

TRK 27:

Praticate il seguente esercizio prima lentamente poi sempre più veloce; fino a memorizzarlo.
Stimolate la vostra lettura ripetendo gli studi al contrario (a partire dalla "fine" indietro al "capo").

TRK 28:

Ricordate di usare la punta delle dita come in figura:

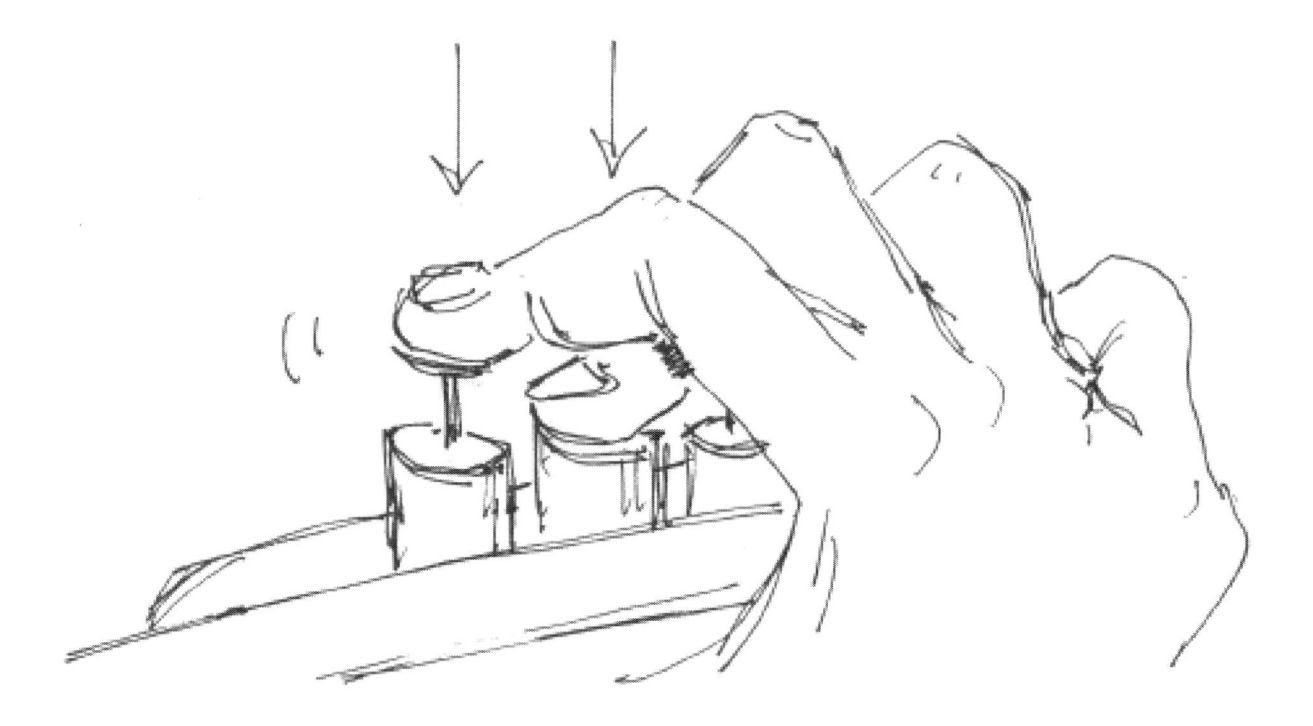

Dare sempre un bel colpo di lingua sulla prima nota della frase.
Nei prossimi esercizi preoccupatevi di "spingere" l'aria mentre abbassate i pistoni; occorre automatizzare questo sistema.

Mantenete inoltre una pressione sostenuta quando suonate una frase legata, per evitare che le prime note siano forti e le successive deboli ("sgonfie").

Inspirate a pieno per suonare il prossimo esempio:

TRK 29:

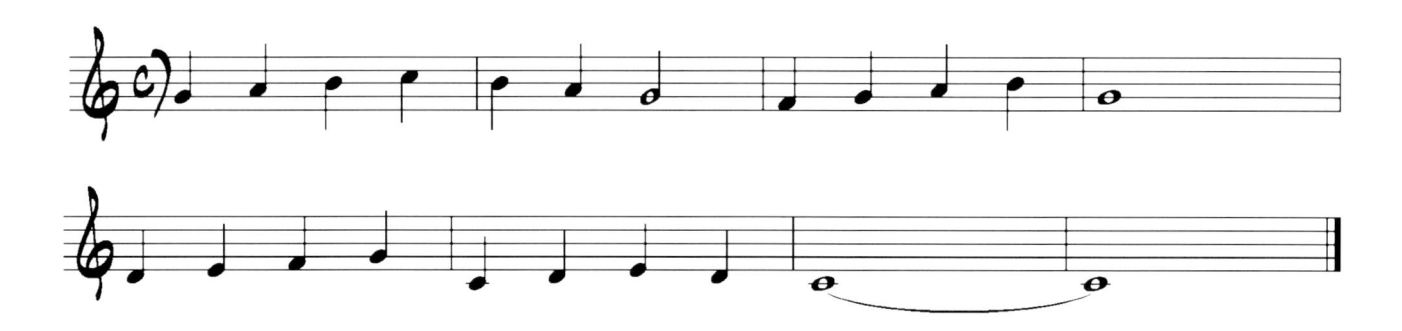

[notazione musicale]

Vi accorgerete che l'importante è prendere fiato velocemente nei punti giusti, in modo da "portare" o tenere una frase musicale sempre "in quota" ossia senza far cadere l'intonazione.
Immaginatevi alla guida dell'automobile: bisogna tenere sempre il motore ad un numero di giri non troppo basso per la marcia che si sta usando, altrimenti il veicolo si spegne e/o sobbalza... dovrete ridurre la marcia (ovvero *prendere fiato!*).

La tromba non è una tastiera elettronica; non si pretenda di suonare ogni nota perfettamente a pieno valore: a seconda dello stile, le più lunghe vanno leggermente accorciate (effetto **a campana**).

Eseguite con attenzione:

TRK 30:

[notazione musicale]

TUTTO STACCATO....

Ascoltate dal CD come accentare le note lunghe "*a campana*" conferisca quel suono tipico degli ottoni. Chiudendo prima il suono delle note più lunghe vi permette di riprendere velocemente il fiato.

Le note acute e le note gravi

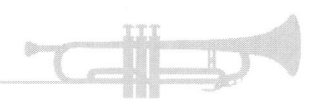

L'estensione nella tromba è un fatto abbastanza personale, di progressiva acquisizione ma semplice come principio.

È buona abitudine "esplorare" i suoni che si producono più facilmente e naturalmente; di qui, poi, è possibile ampliare verso l'alto o il basso.

TRK 31:

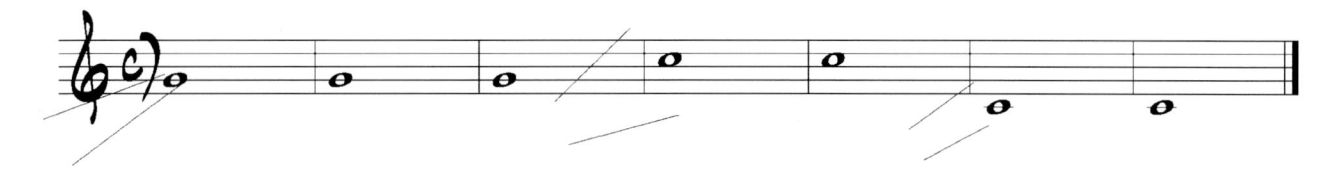

Svilupperete mano a mano il sistema per salire o scendere **GRADUALMENTE**.

Esercitatevi senza preoccupazioni, concentrandovi esclusivamente sulle variazioni di altezza delle note. Partendo dalla nota Sol centrale, provate a scendere verso il Do basso e più giù ancora, allentando la pressione ed aprendo un po' le labbra soffiando aria calda.
Mantenete, comunque, l'impostazione generale ferma (denti aperti, mandibola avanti, labbra morbide, guance non gonfie!).

TRK 32:

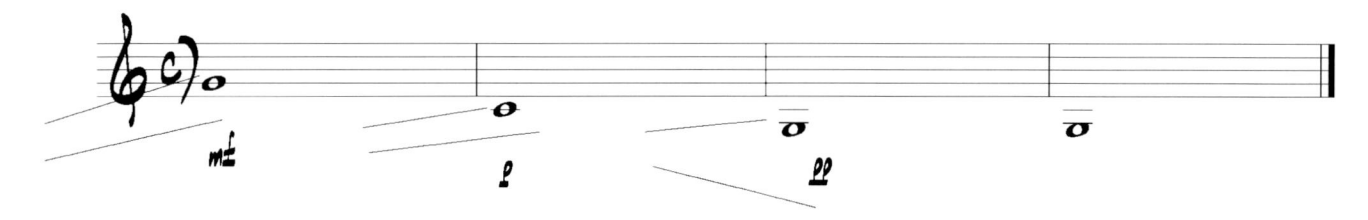

Per "salire" sugli acuti, invece, partendo sempre dalla stessa nota Sol centrale, inspirate più aria, avvicinate un po' le labbra tra di loro e, concentrando l'aria nella parte bassa-addominale, soffiate più forte verso l'alto. Otterrete un Do centrale; spingendo ancora di più dovrebbero prodursi un Mi o Sol alto, tenendo ben salda la tromba.

TRK 33:

Provate tali esperimenti più volte, stando attenti a tutti gli aspetti analizzati finora; se qualcosa non va, fermatevi e riesaminate i passaggi con attenzione.

Senza strumento, effettuate più volte il sincronismo per suonare nel modo giusto; mantenete la concentrazione mentale. Siate positivi e in buona predisposizione allo studio analitico.
Non stancate le labbra.

Animazione dell'emissione di note gravi, centrali ed acute:

Tenete sempre a mente di soffiare aria calda, piena e "rotonda".

Note gravi:

Note centrali:

Note acute:

L'emissione per le note acute deve essere veloce e d'impatto, **come lo starnuto!**

La *pressione della tromba sulle labbra* non sarà la stessa: per le note medio-basse siate molto leggeri; dal DO centrale (3° spazio) in su "sigillate" meglio l'imboccatura sulle labbra.

TRK 34:

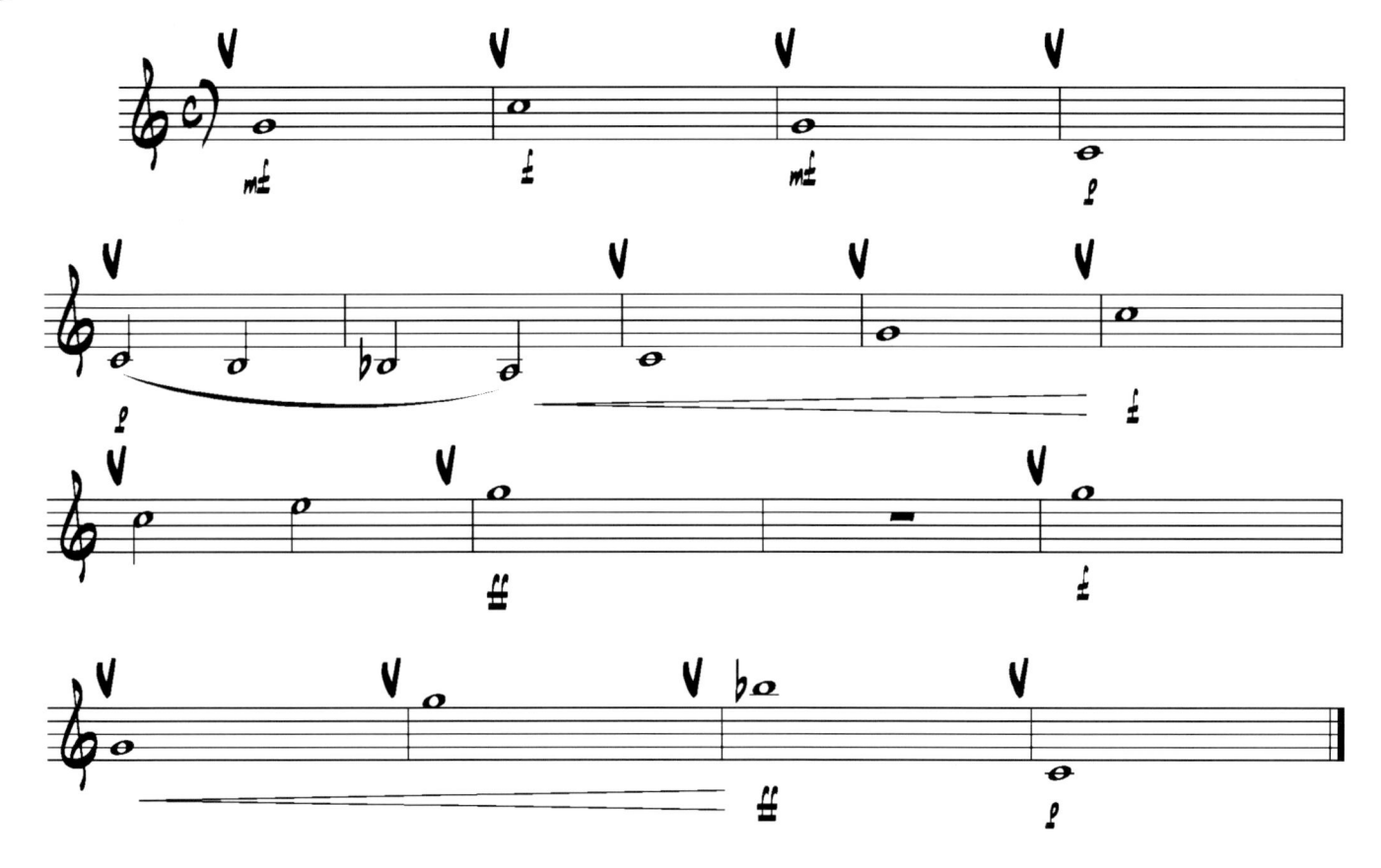

IMPORTANTE: Attuare uno studio intelligente e mirato, non banalmente ripetitivo.

Praticate mentalmente, anche senza lo strumento, per ripassare e fissare concetti e meccanismi in qualsiasi circostanza.

Qui di seguito, notate il sistema del **Pivot** (controllo della direzione del soffio):

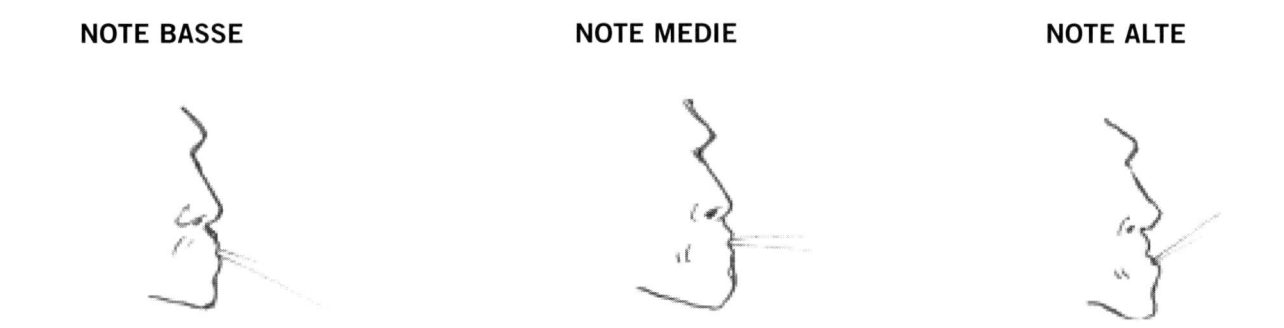

NOTE BASSE   **NOTE MEDIE**   **NOTE ALTE**

Gli Intervalli di 2ª e 3ª

Per intervallo (o salto) si intende il passaggio da una nota ad un'altra di diversa altezza; dalla semplice 3ª: DO - MI, alla 5ª: DO - SOL fino all'ottava ed oltre.
Come per molti strumenti a fiato, per eseguire un intervallo bisogna averlo bene in mente, possibilmente cantarlo.

Per fissare un intervallo, conviene "associarlo" a frammenti di melodie conosciute; di lì non avrete più dubbi a distinguerlo.

L'intervallo più semplice è quello di 2ª, perché costituito da due note successive: DO-RE, RE-MI, MI-FA, ecc... cantateli e suonateli con lo strumento.

TRK 35:

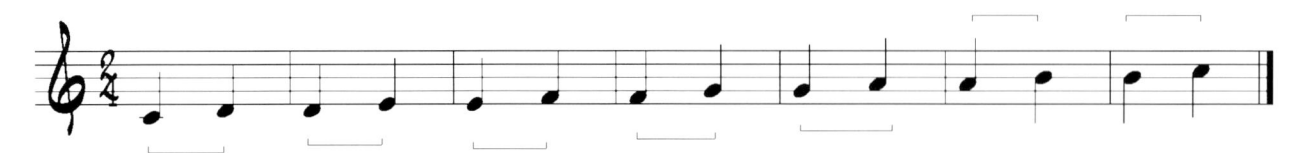

Intervallo di 3ª:
(Richiama il clacson di un camion)

TRK 36:

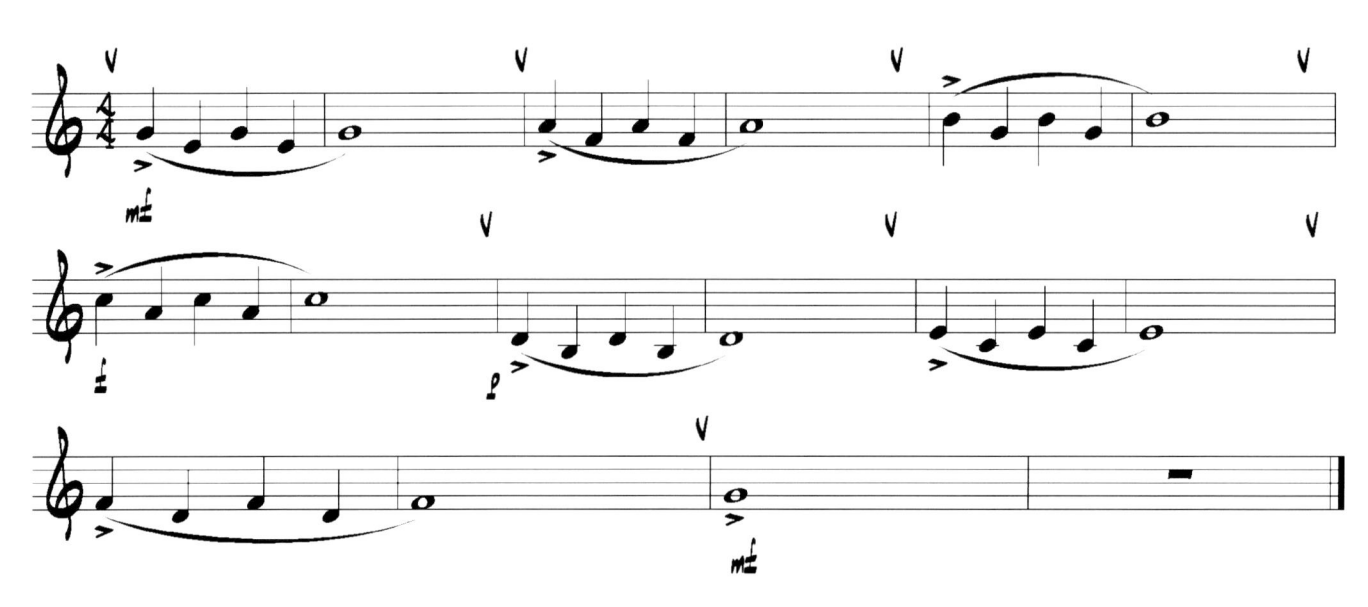

Per ora è bene studiare gli esercizi respirando sempre ove suggerito (dalla V), accentando le note di partenza.

Alternate spesso la mano sinistra con la destra (o il contrario, se siete mancini).

Leggete questo brano facile e conosciuto, per iniziare a familiarizzare con gli intervalli di 2ª e 3ª:

TRK 37:

JINGLE BELLS

Praticate con la base, senza lasciarvi distrarre dal contro-canto dell'altra tromba sulla traccia audio.

L'Intonazione

Consiste nel "*centrare*" ogni suono perfettamente.
Per gli strumenti a fiato, l'aspetto cruciale è **produrre i suoni**, quindi, il nostro corpo (muscoli, fiato e mente) deve produrre onde sonore attraverso un "tubo".

Dovrete sviluppare un metodo per "creare" i suoni, riconoscendo per ognuno l'intonazione ottimale, come in un tiro al bersaglio: bisogna, cioè, essere in perfetto equilibrio tra pensiero e produzione reale della nota.

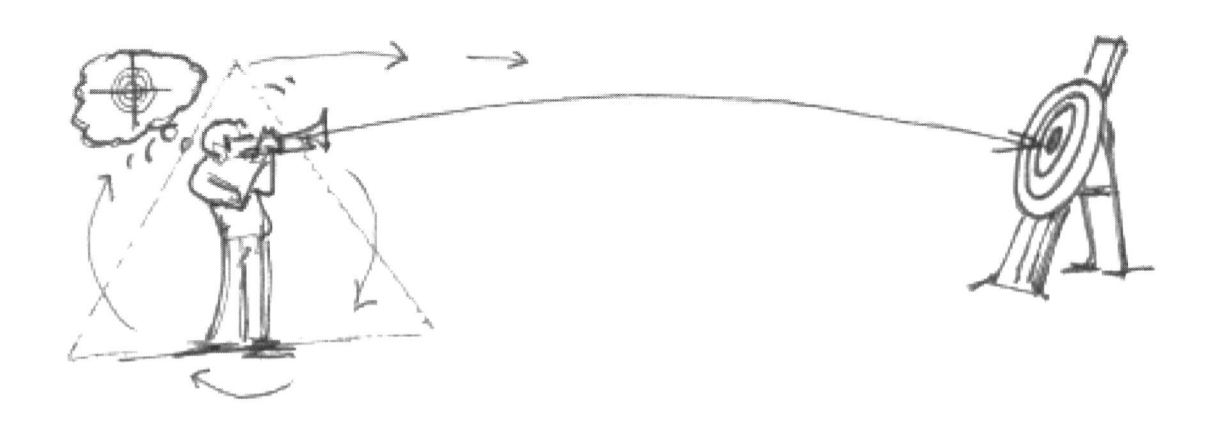

Il sistema è provare e riprovare, capire, adattare le labbra, ricordare e memorizzare, fissando tutti gli elementi per perfezionarsi con pazienza e perseveranza.

Mettetevi alla prova:

TRK 38:

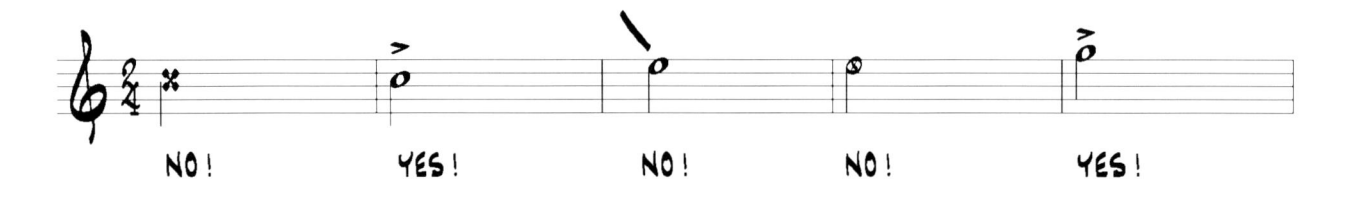

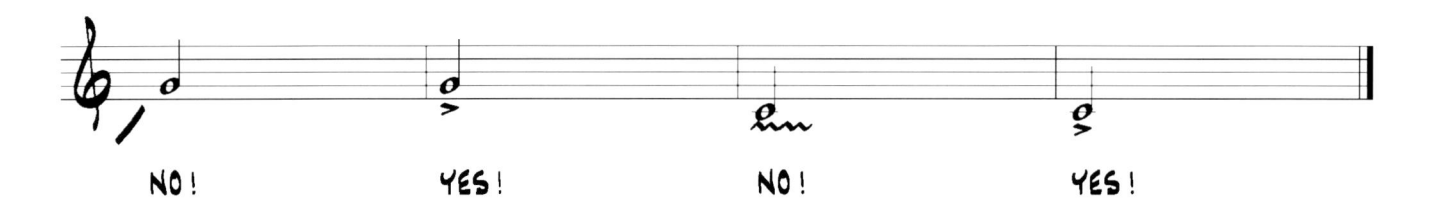

NO! YES! NO! NO! YES!

NO! YES! NO! YES!

Immaginate di far "ruotare" l'energia dentro di voi in senso circolare: CARICATEVI d'aria nella prima fase e poi SCARICATELA al contrario, nella seconda (pensate alla carica di un carillòn o di un vecchio orologio a molla: prima girate la leva della carica e lasciate che si sviluppi la forza accumulata).
Questo è il concetto-base del suonare uno strumento a fiato.

Suonate a ripetizione il brano popolare *"Frà Martino"*, scritto a "Canone" (tre voci), seguendo ognuno la propria parte:

TRK 39:

FRA' MARTINO

Respirate bene e continuate a tempo.

Il Ritmo

È il presupposto fondamentale per fare musica!

Attenzione a non sottovalutare il ritmo poiché si rischia, nel corso dello studio e del successivo perfezionamento, di avere difficoltà nel "tenere il tempo...!".

A tale proposito, esercitatevi abitualmente a:
tenere gli occhi chiusi e battere il tempo con le mani o schioccando le dita insieme agli esempi proposti:
(Aspettate sempre la battuta a vuoto prima di iniziare!)

TRK 40:

MEDIUM

Di nuovo, adesso cercando di tenere il tempo:

TRK 41:

ANDANTE

Ora più lentamente, provando una velocità diversa:

TRK 42:

LENTO

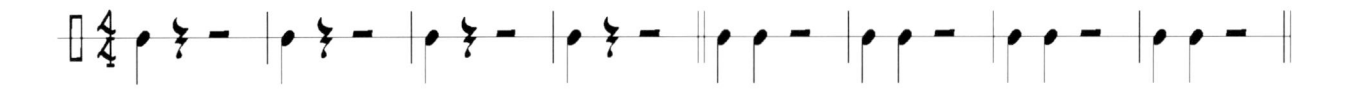

TRK 43:

ALLEGRO

Ancora, rendendo l'esercizio un po' più difficile:

TRK 44:

TRK 45:

"Stimolate" ed educate il vostro orecchio: ascoltate qualsiasi tipo di musica e provate a trovare la divisione (in 2, in 3, in 4 ossia dov'è il battere, dove il ritornello, qual è il tema, il finale ecc…).
Sforzatevi di apprezzare vari generi musicali (non solo quello che preferite) e di farlo in modo produttivo ossia cercando di individuarne lo stile, le caratteristiche, l'organico.

"…L'orecchio è uno dei sensi più abitudinari!" Ciò che a voi può risultare piacevole, a tanti altri sembrerà monotono o addirittura banale…

Esercitatevi, inoltre, nell'esecuzione dello stesso disegno ritmico all'infinito, sempre uguale a se stesso: ciò migliorerà il vostro ritmo ("timing") ed il "groove" (pensateci: *nella musica c'è più ripetitività che variazione*).

TRK 46:

(PIU' VOLTE)

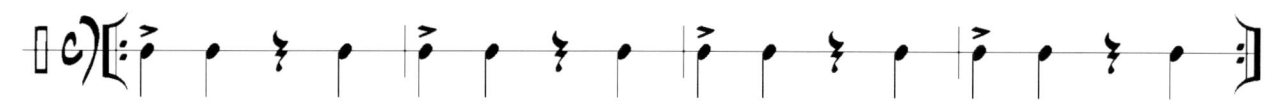

Aggiungendo poi qualcos'altro:

TRK 47:

Solfeggio Ritmico/Lettura

Il seguente brano è un esempio del modo in cui sviluppare un sistema di lettura musicale a prima vista: dapprima con una lenta "scansione" ritmica e poi con l'esecuzione precisa delle note (con eventuali diesis o bemolli…). Cominciate SENZA STRUMENTO, solo cantando:

TRK 48:

Adesso eseguite con lo strumento. Ricordate che la lettura a "prima vista" va allenata e stimolata proprio come la lettura espressiva ad alta voce. *Avanzate sempre lo sguardo leggermente in avanti rispetto alla nota che state suonando, così da non farvi sorprendere e mantenere il tempo ed i giusti valori.*
Ora praticate lo stesso esercizio (n. 48), senza farvi confondere! Insieme, a tempo:

TRK 49:
Concentratevi bene sulla nota prima di eseguirla. Ricordate che la *tromba in Si♭* legge in chiave di violino ma, essendo uno strumento in Si bemolle, il corrispettivo suono reale è sempre un tono sotto sul pianoforte!

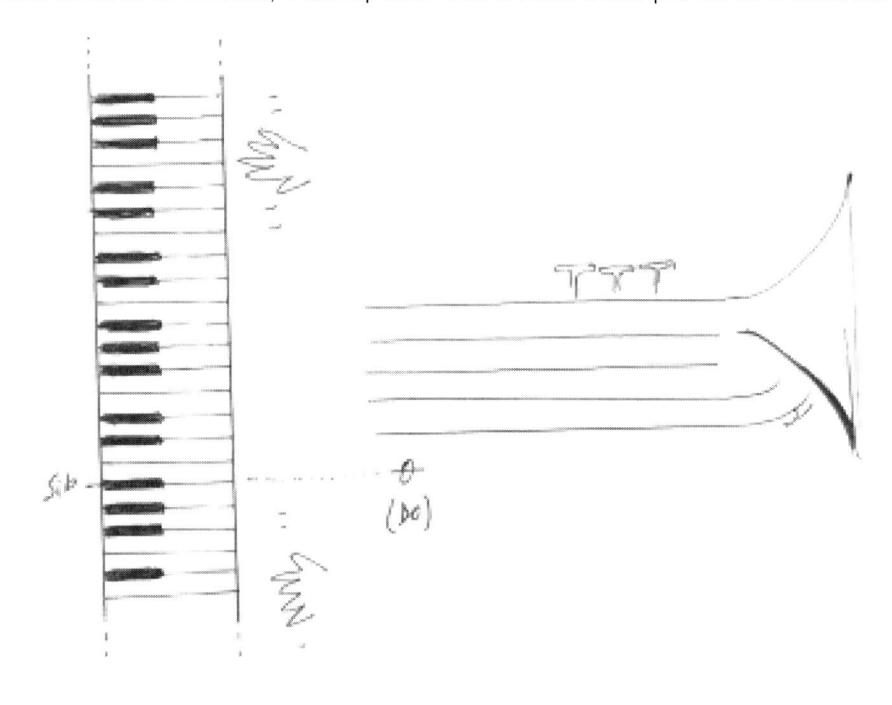

Scala di Do Maggiore

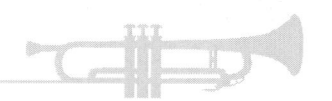

Eseguite con lo strumento:

TRK 50:

CANTARE E POI SUONARE...

DO (C) RE (D) MI (E) FA (F) SOL (G) LA (A) SI (B) DO (C)

Tra parentesi sono anche indicati i nomi delle note nella nomenclatura Internazionale alfabetica (Americana).

È molto comune sbagliare per un difetto di coordinazione tra mente, corpo e/o respirazione.
Osservate i disegni nell'ordine:

1) Inspirare 2) Comprimere 3) Concentrarsi sulla nota 4) Suonare

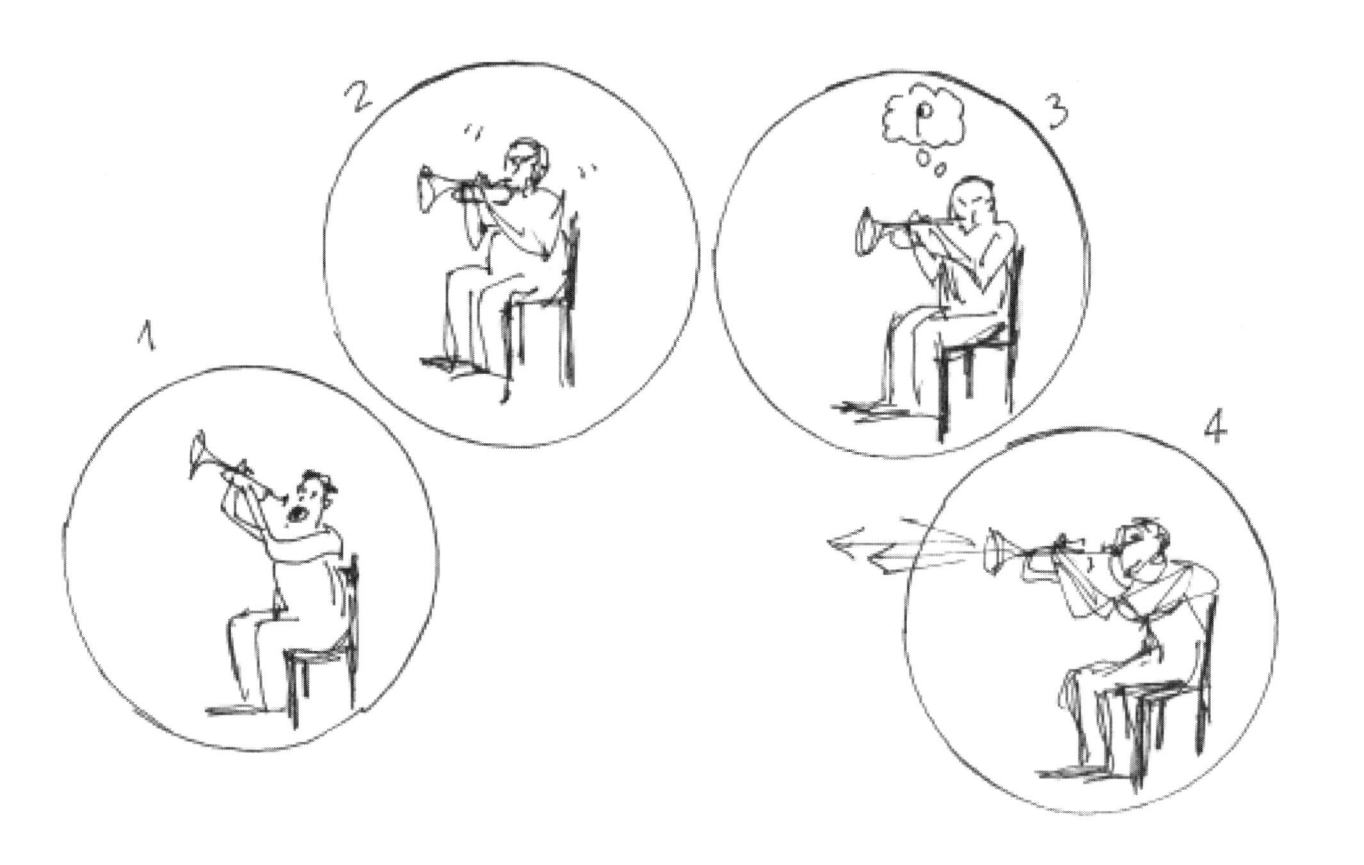

Pressione dell'Aria
Apertura di Labbra - Denti

Specialmente all'inizio, si ha la tendenza a stringere l'imboccatura (chiudendo le labbra in modo esagerato) e soffiare troppa aria rispetto all'effettiva quantità necessaria.

Quando si parla di *apertura del suono* si intende la posizione di **denti**, **lingua** e **labbra** adeguata-mente predisposta. Come suggerito nelle prime pagine del metodo (esempio del cucchiaio in bocca), per produrre suoni con la tromba bisogna tenere ben aperta la cavità orale, socchiudendo le labbra (come cantare a bocca chiusa).

Posizione normale   Posizione per suonare

A questo punto, esercitatevi suonando delle note lunghe, aprendo gradatamente labbra e denti fino a perdere l'appoggio!

TRK 51:

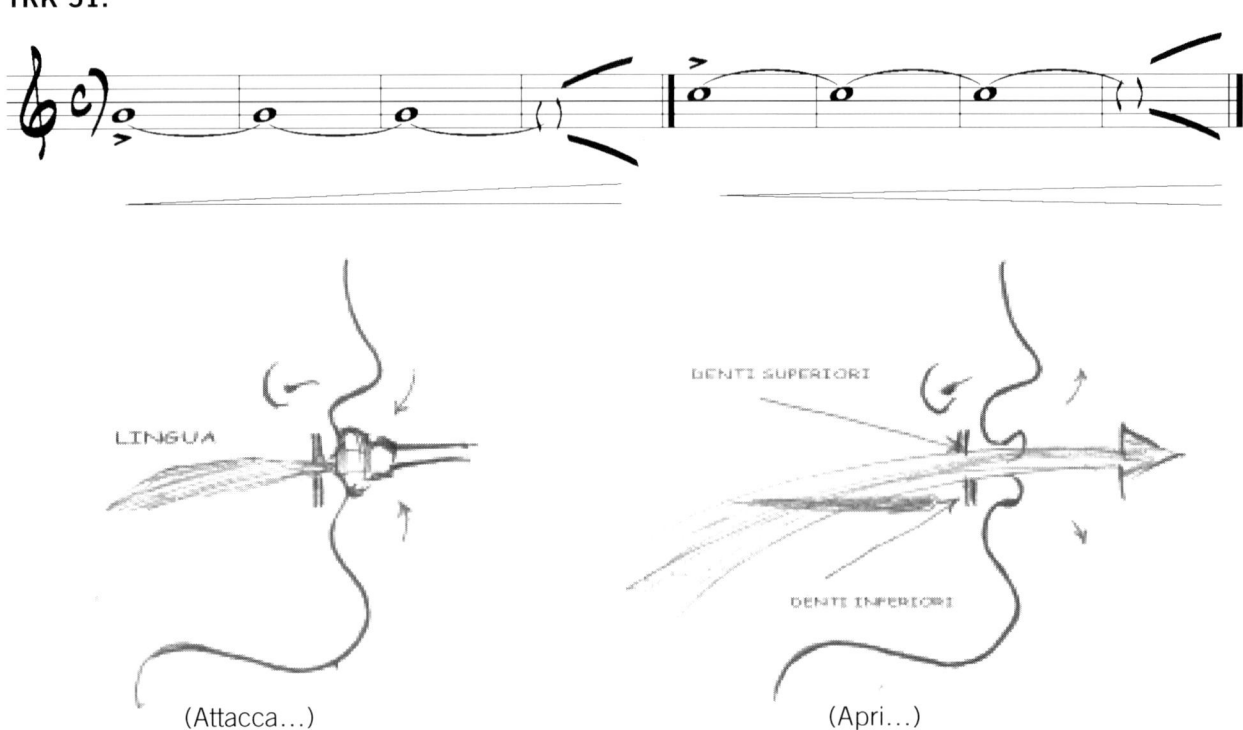

(Attacca...)   (Apri...)

A tale riguardo, Miles Davis fu il primo ad adottare l'espediente di suonare con un chewing-gum in bocca, obbligando l'intero sistema muscolare facciale ad essere sempre morbido, senza tensioni e tenendo la mandibola abbassata e protesa in avanti.

Ricollegandoci alla tecnica dello staccato, è buona abitudine iniziare a praticare in diverse momenti lo *staccato aperto (esterno)* alternato allo *staccato semi-chiuso (interno)*.

(Anche se ripetitivi, impegnatevi nei seguenti esercizi a suonare con labbra-denti ben aperti e con staccato morbido e squillante):

TRK 52:

TRK 53:

Respirate abbondantemente per ampliare l'estensione fino ad un'ottava, e poi di seguito…
Sempre mantenendo la stessa apertura ed impostazione!

TRK 54:

(Suonate questo esercizio dal capo alla fine e poi all'inverso).

Attenzione ad un fastidio che spesso si avverte nel contatto tra *labbra* e *bocchino:* la barba.
Vi sono alcuni individui che preferiscono essere perfettamente rasati o altri che mantengono sempre barba o baffi un po' lunghi.
In genere, per un repertorio classico si adotta un'impostazione "umida" (labbra tendenzialmente bagnate), mentre per generi quali Jazz, Big Band (labbra asciutte per un "Grip" = aggancio più consistente).
Comunque, si tratta di un fattore personale. Scoprite il vostro!

Gli Armonici

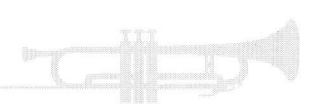

Riprendendo il discorso delle 7 posizioni nella tromba, avrete ormai capito che ad ogni posizione corrisponde una vasta gamma di suoni, chiamati armonici. Inoltre, nel registro acuto e grave le posizioni perdono rilevanza, ossia: *si possono ottenere varie note senza tener più conto delle posizioni stesse!* Ad ogni modo, esercitatevi con il seguente "pattern"; vi aiuterà a capire come dosare l'aria necessa-ria, la pressione ed il controllo.

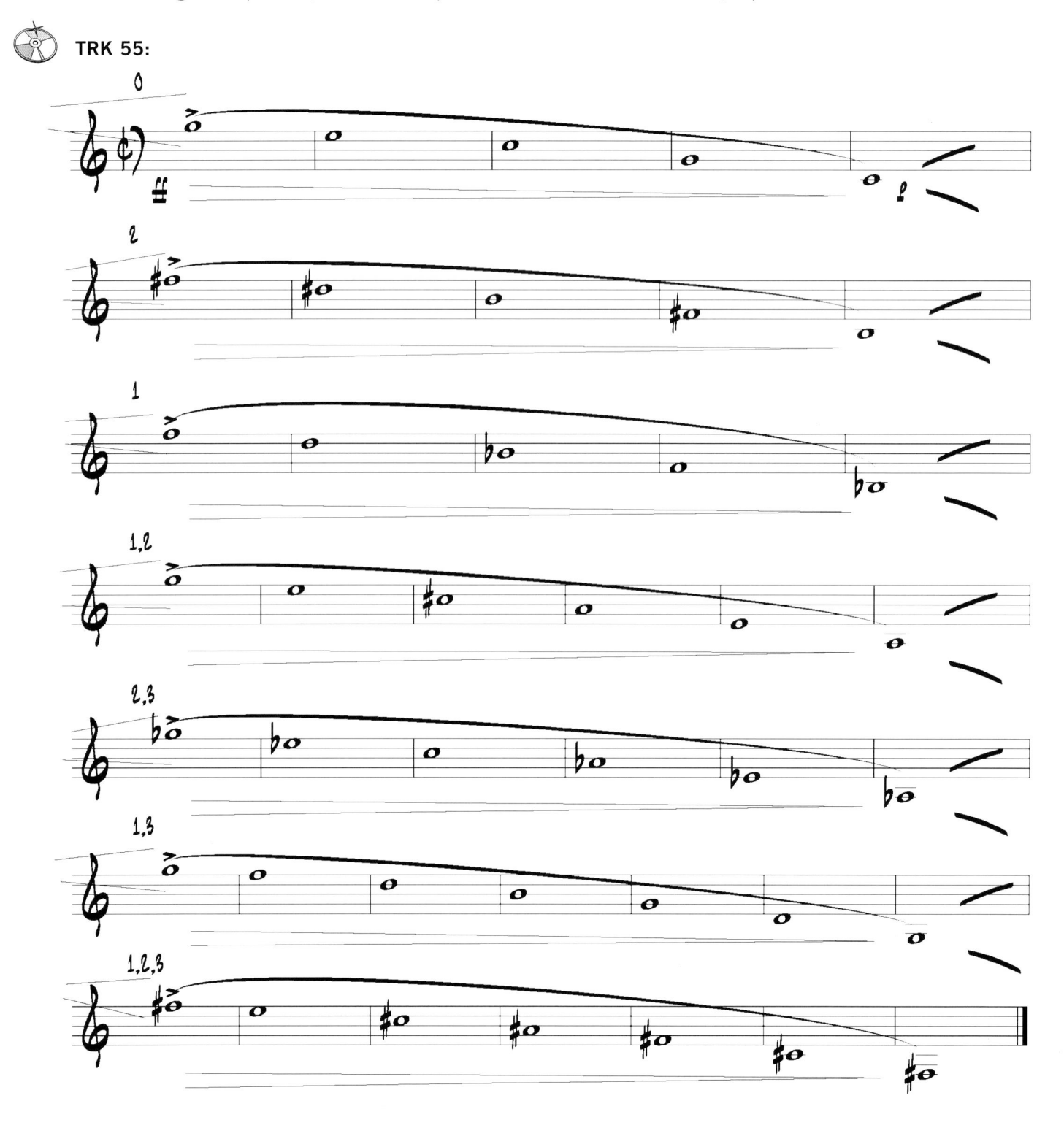

TRK 55:

Prendere un buon fiato, centrare la prima nota e poi ridurre l'intensità in modo da individuare i vari armonici (pensate di scendere dei gradini...) fino ad "appoggiarsi" sulla nota d'arrivo più bassa, lunga.

Angolazione dello Strumento e dell'Emissione

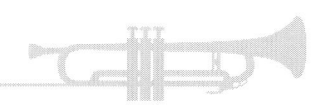

Come si impugna la tromba, l'angolazione, come si avvicina l'imboccatura sulle labbra, la posizione della nostra testa in relazione allo strumento: sono tutti particolari da analizzare con attenzione.

Come si impugna: nel modo più bilanciato ed in asse possibile. Evitate di piegare la testa o impugnare in modo distorto, verso il basso o troppo in alto!

POSIZIONE CORRETTA    POSIZIONE NON CORRETTA

L'angolazione: (tra la testa e la tromba) dovrebbe essere di 90°. Non abbassate troppo lo sguardo né rivolgetelo troppo in alto. Far in modo di convergere i muscoli facciali sul bocchino verso il centro delle labbra.

IMPORTANTE: il labbro inferiore deve sporgersi come soffiando all'insù (verso la punta del naso).

Come si avvicina l'imboccatura sulle labbra: anche qui c'è un "versus"; il movimento che aiuta l'assetto ottimale delle labbra sul bocchino è dall'alto a sinistra verso il basso a destra (l'opposto per i mancini..).
Così facendo, contemporaneamente con la mandibola in avanti si costituisce una sana e forte "impalcatura". Osservate i disegni:

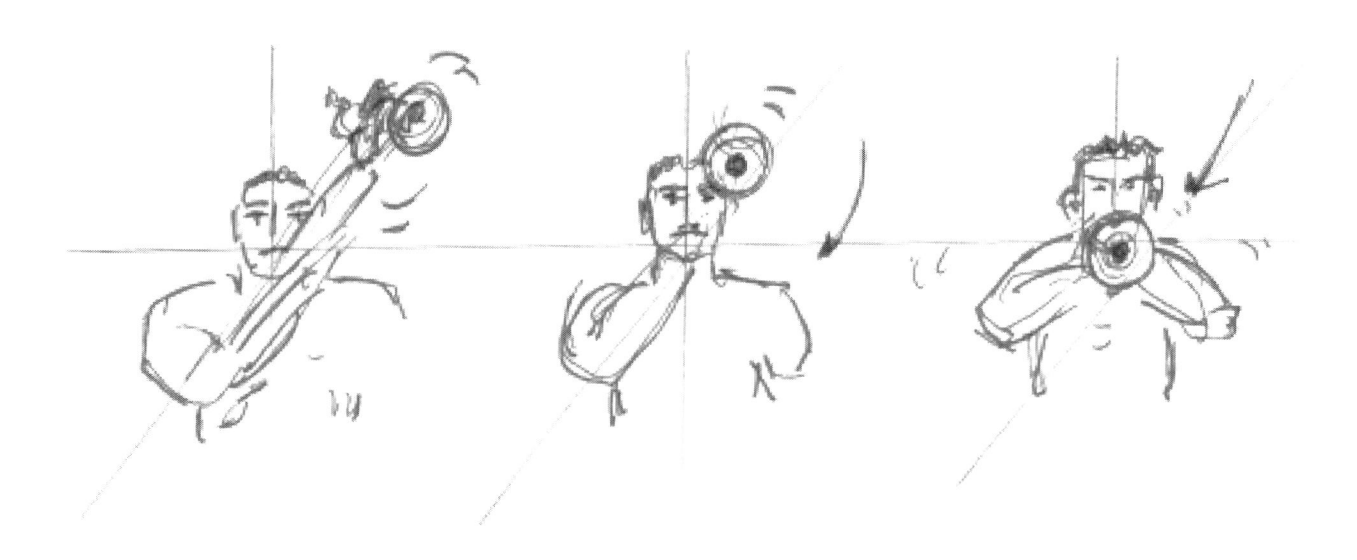

La posizione della testa: Fate in modo di tenere lo sguardo dritto, il mento in alto; non "strozzate" l'emissione abbassando la testa né alzandola troppo verso l'alto.
Per questo motivo ed altri che ritroverete in seguito *("Over-Blowing")*, suggerisco di praticare occasionalmente con un casco integrale da motociclista.
Sì proprio così, di tanto in tanto, suonate i soliti esercizi mettendo un casco, ovviamente con la visiera aperta (È di incredibile efficacia!...).

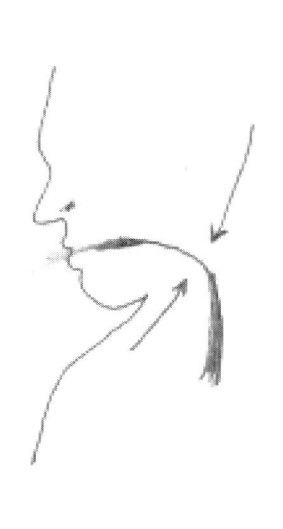

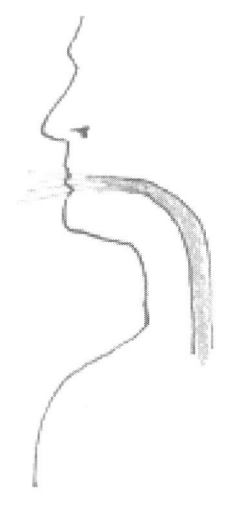

NO　　　　　　　　　　　　　　　　　　　　　　　　　　　　　　SI

Gli Intervalli di 4ª

Man a mano che progrediamo con gli intervalli, ricordate che occorre più aria nello "stacco" della seconda nota sincronizzando la posizione dei pistoni.
*Siate sempre rilassati e mentalmente **positivi!***

TRK 56:

NO STRESS!   RILASSATI

RESPIRATE!...

Praticate a "mente leggera" le *"frasi difficili"* a ripetizione; sarà un ottimo espediente per sciogliersi e memorizzare l'esatta successione.

TRK 57:

*L'esempio 57 vuole dimostrare come la ripetizione **consapevole** e paziente porta al risultato ottimale, al contrario di un approccio meccanico e perfezionista (stressante).*

Praticate gli intervalli di 4ª con questo tema classico. Tenete d'occhio il bemolle in chiave!...

TRK 58:

TE DEUM

Avrete notato che la battuta iniziale non è completa, c'è solo una semiminima; mancano 3/4 ma ciò può verificarsi spesso all'inizio e alla fine di un brano.
Tale particolarità è detta "**anacrusico**".

Provate ad eseguire lo stesso brano più veloce.

Intervalli-legati = Pressione-aria

La *legatura di portamento* consiste nel collegare note ad altezze diverse solo con il soffio e la spinta del diaframma.

È semplice perché basta fissare a mente tre movimenti in comune con le arti marziali:

1. *Inspirare bene, compattando l'aria verso il basso;*
2. *Appoggiare la nota di partenza (staccando: "Tah")*
3. *Proprio come in un movimento di Karate, espellere l'aria pronunciando il suono: "Hoù" (come un colpo di tosse)*

Osservate il disegno:

TRK 59:

L'appoggio sulla prima nota è importante ed il salto legato avviene spingendo l'aria in modo deciso e netto sostenendone il flusso.

Con la pratica, potrete sviluppare le frasi legate imparando a gestire la potenza dell'aria: il segreto sta nella velocità, non nella quantità.

TRK 60:

Richiamando di nuovo l'esempio dell'automobile, cercate di guidare (= suonare) in modo da utilizzare il carburante (= aria) in modo razionale. Imparate, inoltre, a quantificare mentalmente l'aria che vi occorre per produrre ogni nota in modo da arrivare alla fine (di un brano, frase o concerto) in buone condizioni!

Il seguente è un esercizio che consente di capire che tipo di spinta dell'aria bisogna dare quando si procede al di sopra del DO centrale; ascoltate l'esempio sul CD e suonate insieme.

TRK 61:

(Alternatelo anche un'ottava bassa).

Eseguite ora degli altri "salti" enarmonici, elaborati appositamente per provocare un lieve sposta-mento **delle labbra all'interno del bocchino**.
Respirate solo dal naso fissando l'attenzione sul movimento delle labbra.

TRK 62:

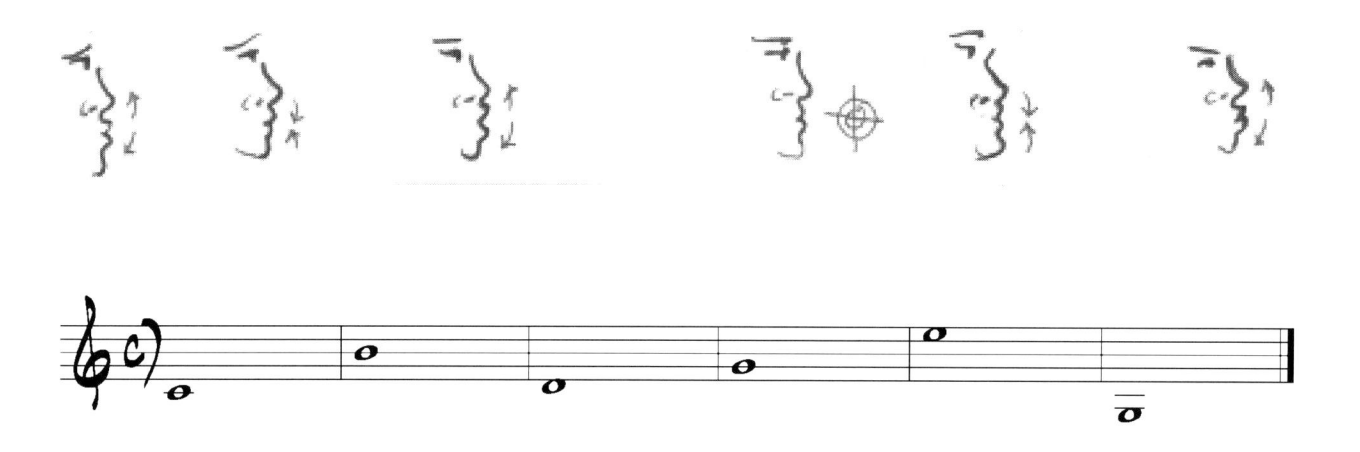

Intervalli di 5ª e 6ª

Attenzione a non irrigidire la muscolatura attorno alle labbra mentre eseguite un intervallo ampio; l'essenziale è soffiare ed accentare la prima nota appoggiando bene sul diaframma.

TRK 63:

L'intervallo di 5ª è tipico del tempo "Marziale" ossia di marce, squilli e quindi molto usato dai trombettisti (pensate ai segnali militari riprodotti nei film storici o nelle tipiche parate patriottiche).

TRK 64:

CALIGOLA

GABRIEL ROSATI

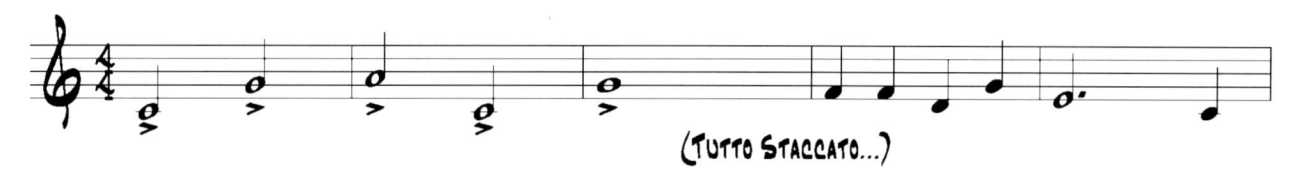

(TUTTO STACCATO...)

Sostenete il flusso d'aria per mantenere la nota intera ad ogni fine frase, poi inspirate rapidamente dagli angoli della bocca mantenendo salda la posizione del bocchino.

Lo sviluppo intelligente della tecnica si basa sulla combinazioni di esercizi sempre nuovi e diversi, che voi stessi potete creare.

Lo studio deve corrispondere ad una *crescita insieme allo strumento musicale*, non all'acquisizione di regole da utilizzare a comando.

La Lettura

Per *lettura musicale* o *"a prima vista"*, si intende la capacità di visualizzare e convertire istantanea-mente partiture musicali in suoni, rispettando certi criteri:
tempo - intonazione - espressività - perfetta esecuzione strumentale.
Pertanto si possono intuire quali siano le difficoltà di una buona lettura:
A) Mantenere il ritmo;
B) Ricordare le alterazioni in chiave (e transitorie);
C) Accorgersi delle suddivisioni inconsuete.

ESERCITATEVI A LEGGERE DI TUTTO! Lentamente, attentamente e con precisione, non siate superficiali o frettolosi. Imparate a "decodificare" la musica osservando tre semplici fasi:

1. Occhiata generale alla partitura   (tempo e velocità innanzitutto! vi sono accidenti in chiave? cambiamenti di ritmo?..);

2. Provate sempre a cantare mentre leggete   (anche senza strumento abituatevi ad intonare gli intervalli, seguendo l'evoluzione del brano e controllando la diteggiatura; individuate i segni di ritornelli, code o altro);

3. Eseguite con lo strumento   (cercando di tenere un buon ritmo costante, senza farvi problemi per qualche nota errata o mancante... Procedete mantenendo il segno e praticando a velocità confortevole).

Es:

Approfittate delle pause e di note lunghe per guardare in avanti sul pentagramma.
Per sviluppare una buona lettura musicale occorrono tempo e pratica; abituatevi a "decifrare" i brani musicali; siate curiosi, esplorate anche le partiture di altri strumentisti (pianisti, chitarristi, cantanti...) e di altri generi (musica contemporanea, nomenclature jazz...).
Qui di seguito vi sono vari elementi tipici di partitura Jazz:

BALLADE

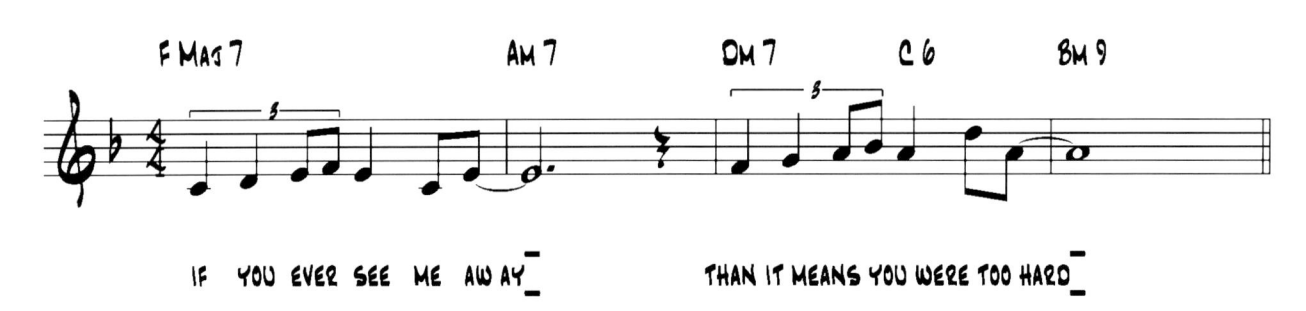

F MAJ 7   AM 7   DM 7   C 6   BM 9

IF YOU EVER SEE ME AWAY   THAN IT MEANS YOU WERE TOO HARD

Intervalli di 7ª e 8ª

Per completare una prima panoramica sugli intervalli, consideriamo quelli di 7ª e 8ª, riservando i successivi ad un momento di maggiore preparazione.
Ricordate comunque di avere bene in mente l'intervallo prima di suonarlo.
Non è, infatti, possibile pensare di ottenere i suoni giusti soltanto abbassando i tasti giusti!
Praticate il canto con costanza; impegnatevi ad ascoltare ed intonare meticolosamente qualsiasi suono, brano o coro per migliorare la percezione musicale del vostro orecchio.

TRK 65:

Princess Anastacia

Gabriel Rosati

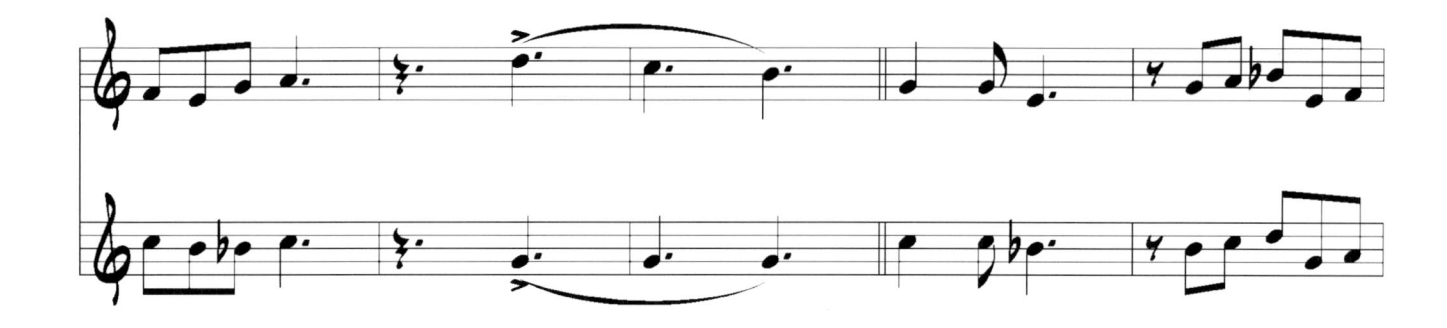

Il Vibrato

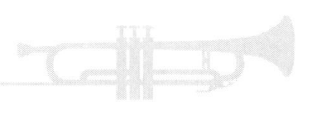

La tecnica del vibrato è spesso trascurata dalla didattica strumentale per trombettisti, pur rappresen-tando una vera e propria "arte" che differenzia gli esecutori poiché ne riflette il gusto e la personalità. E opportuno impostare e praticare tale tecnica, senza però abusarne. Pertanto dovrete scegliere stile e momento adatti al contesto. Esercitando il vibrato, si allenano indirettamente gli elementi dell'assetto *muscolare-labbra-denti-mandibola*. Vi sono vari sistemi, tutti efficienti a seconda della necessità:

- A) di Labbro; muovendo leggermente le labbra all'interno del bocchino come se si masticasse un chewing gum. **TRK 66**

- B) "Shake"; scuotendo lo strumento per ottenere un effetto (lo Shake appunto, molto usato nel Jazz), abbastanza pesante ed ampio. **TRK 67**

- C) di Mandibola; simile al primo ma più lento poiché difficile da controllare mentre si suona. **TRK 68**

- D) Combinazione di dita sui pistoni e polso della mano destra; forse il più comune perché facile da controllare e adatto alla maggior parte dei generi. **TRK 69**

Provate (insieme al Cd) a suonare una nota ferma e poi lentamente "manovrate" il suono stesso (alternando le varie tecniche sopra elencate).

TRK 70:

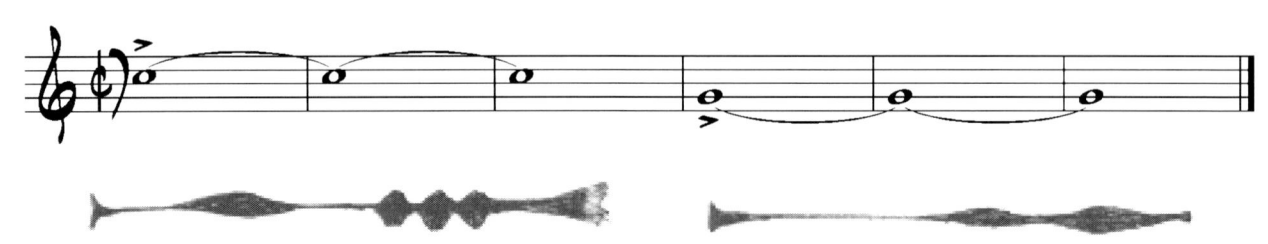

Osservate il grafico dello "spessore" sotto le note; vi aiuterà a capire l'ampiezza della vibrazione da effettuare. Il vibrato va usato *solo sulle note lunghe*, di valore consistente, in modo da dar loro un effetto di gradevole risonanza (nei tempi lenti, cantabili, musica romantica, latina, ecc...).

TRK 71 (Lento):

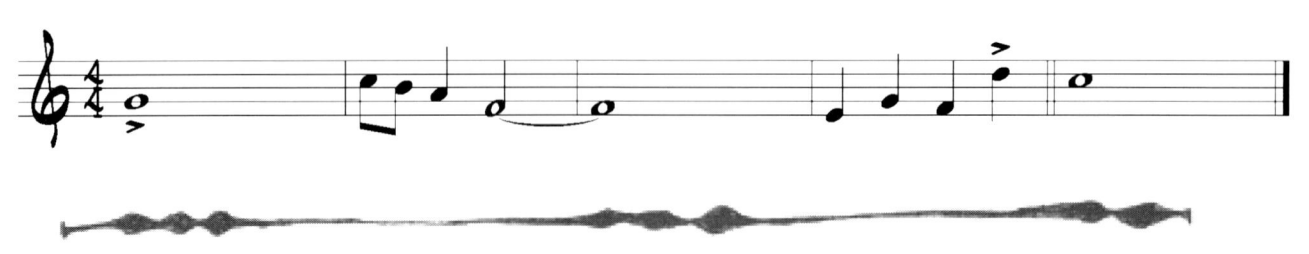

La Manutenzione dello strumento

Ecco alcuni consigli per la manutenzione, pulizia periodica e altre buone abitudini per preservare lo strumento al meglio.

Nei primi anni scegliete una tromba da studio, nuova o usata, possibilmente leggera a canneggio piccolo/medio; diverso il discorso sul **bocchino**, per il quale dovreste farvi consigliare da un insegnante, tenendo presente che dovreste mantenere lo stesso per un po'.
Vi suggerisco di iniziare con un modello piccolo (tazza ed appoggio) a camera alta.
Il corpo dello strumento funziona bene anche se lievemente danneggiato (ammaccature leggere), ma evitate di procurare danni all'imboccatura. Preservate il metallo dal formarsi di verderame.

La tromba diventerà come una parte integrante del vostro corpo!...
Quindi occorrono cura, igiene ed attenzione. Evitate di toccarvi le labbra con le mani.

Essendo un metallo, nel tempo assorbirà parte delle sostanze che consumiamo, risentendo anche dell'ambiente e della temperatura circostanti (attenzione all'umidità!).

ABITUATEVI A: LAVARE BENE LE MANI PRIMA DI SUONARE; TOGLIERE SPESSO L'ACQUA RESIDUA DALLO STRUMENTO; PULIRE LA TROMBA CON UN PANNO QUANDO TERMINATE.

Spazzolate spesso l'interno del bocchino con acqua calda saponata, usando lo scovolino come in figura: aiuta a prevenire infezioni alle labbra o herpes per l'accumulo di sporco:

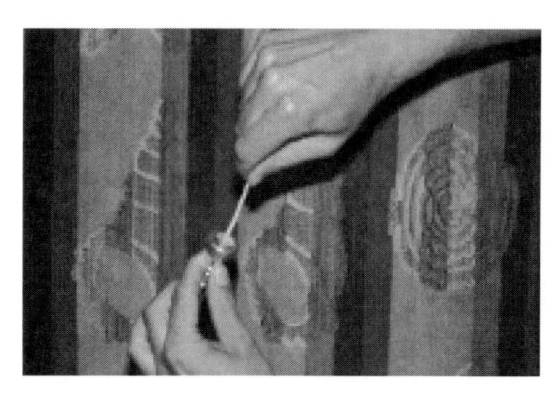

Una volta al mese circa, lavate lo strumento immergendolo in acqua calda (non bollente!); rimuove-te pompe, chiavi e bocchino, riponendoli nella vasca o in una tinozza con acqua mescolata ad un po' di sapone liquido (o in polvere) delicato.

Lasciate "a mollo" per almeno un'ora, facendo attenzione ai PISTONI: questi non vanno in acqua ma solo strofinati con un panno (di cotone, felpa o lana) e poi *delicatamente* oliati e re-inseriti secondo il giusto verso (attenzione ai numeri, ognuno è corrispondente al canale prestabilito).

Passate un flessibile apposito all'interno del canneggio:

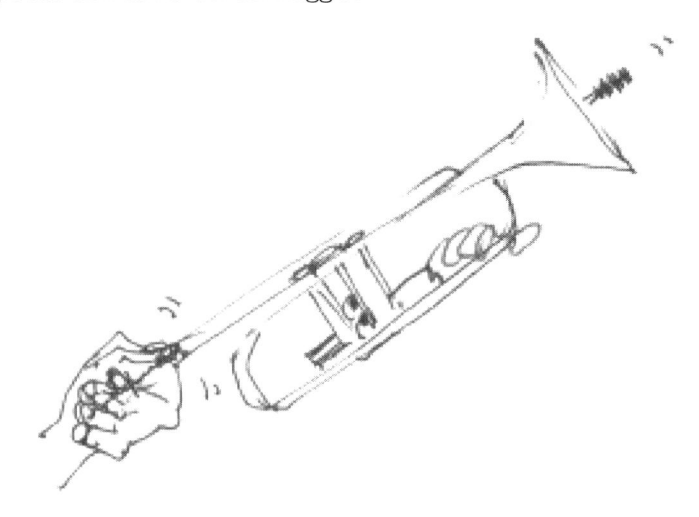

Successivamente tirate fuori i pezzi uno per volta, sciacquandoli sotto l'acqua corrente e asciugando bene con un panno di spugna o cotone:

Infine, spalmate un lieve strato di "grasso" (o lubrificante) su ogni componente prima di ricomporre la tromba ed usate un olio specifico per i pistoni.

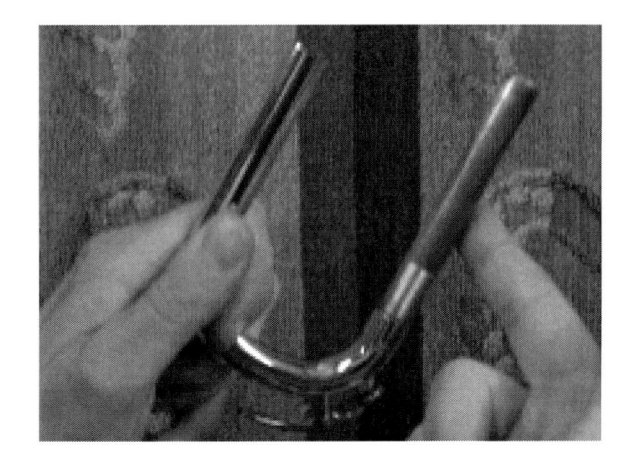

Metodi

Una bibliografia "consigliata" aiuta a raccogliere i manuali indispensabili per studiare e sviluppare al meglio la vostra passione musicale.

Personalmente, preferisco suggerire in ordine di priorità e completezza le seguenti pubblicazioni, non molte... ovviamente, ma da STUDIARE SUL SERIO! A cominciare dalle indicazioni scritte dagli autori.

1. "The Trumpeter's Handbook"   by Roger Sherman   Accura Music Publ.
2. "Arban's Complete Method"   by Arban   Carl Fischer Inc.
3. "60 Studies"   by C. Kopprasch   International MusicCo.
4. "Technical Studies"   by H. L. Clarke   Carl Fischer Inc.
5. "Musical Calisthenics for Brass" by Carmine Caruso   Columbia Pictures Publ.
6. "100 Studi Melodici"   by Reginaldo Caffarelli G. Ricordi Ed.
7. "Warm Ups + Studies"   by James Stamp   Editions BIM
8. "Lip Flexibilities"   by C. Colin   C. Colin Publ.
9. "The Art of Trumpet Playing"   by C. Colin - M. Broiles C. Colin Publ.
10. "Trumpet Trouble Shooting"   by Bobby Shew   Bolikes Music

Capiterà di trovare da grandi trombettisti diverse teorie su uno stesso argomento; pertanto, sta ad ognuno di noi provare e sperimentare il sistema ottimale in relazione al tipo di lavoro, stile, musica e preferenze personali (ad esempio, la preparazione sinfonica-orchestrale sarà diversa dal solismo jazz o dal lavoro richiesto ad una lead-chair di Ricky Martin...).

È buona abitudine organizzare la routine di studio in modo vario e a rotazione. Alternate, quindi, la pratica della tecnica con la lettura, l'estensione all'ascolto, la velocità al trasporto, in modo da non stancarvi mai troppo e non oberare le labbra o la mente.

Dopo i primi anni, subentreranno cambiamenti e avrete l'esigenza di metodologie avanzate, specifiche per lo stile ed il ruolo a cui aspirate.
I titoli sopra citati restano, comunque, un "must" generale per ogni trombettista.
Essendo questo un metodo per principianti, sono stati omessi alcuni argomenti che dovreste sviluppare nel perfezionamento successivo.

Discografia

Attraverso Internet ed altre tecnologie è possibile crearsi una *Discografia di base*.
Tale musica andrà conosciuta e studiata per l'evoluzione del vostro "orecchio musicale", ma soprat-tutto per ampliare la cultura in tale ambito.
Musicisti che si riconoscano come tali non possono, infatti, ignorare parti della storia, gli stili, le in-fluenze e caratteristiche del mondo artistico-musicale mondiale.

Qui di seguito sono indicati alcuni trombettisti (ma non solo...) ed autori di interesse fondamentale, senza titoli specifici; sentitevi liberi di sperimentare e scoprirli da soli:

CLASSICO

Girolamo Frescobaldi, Giovanni & Andrea Gabrieli, Tilman Susato, Samuel Scheidt

BAROCCO

Henry Purcell, Johann Sebastian Bach, Giuseppe Torelli, Antonio Vivaldi, Tomaso Albinoni

'700 – '800

John Stanley, Leopold Mozart, Vincenzo Bellini, Joseph Haydn, Herbert Clarke, Richard Wagner

SINFONICO - CONTEMPORANEO

Modest Moussorgsky, Gustav Mahler, Paul Hindemith, Andrè Jolivet,
Maurice Ravel, Anton Bruckner, Dmitrij Sostakovich, Sergej Prokofiev, Igor Strawinsky

JAZZ CLASSICO

Bix Beiderbeck, Louis Armstrong, Glenn Miller, Harry James, Tommy Dorsey, Duke Ellington,
Count Basie, Lionel Hampton, Buddy Rich

JAZZ MODERNO

Clifford Brown, Dizzy Gillespie, Charlie Parker, Stan Kenton, John Coltrane, Stan Getz,
Chet Baker, Maynard Ferguson, Lester Bowie, Chuck Mangione, James Brown, Freddy Hubbard

LATIN

Perez Prado, Irakere, Chico 'O Farrill, Fania All Stars, Tito Puente, Willie Colòn, Paquito d'Rivera,
Gato Barbieri, Claudio Roditi, Arturo Sandoval, Jerry Gonzales, Jesus Alemany

BRAZILIAN - WORLD BEAT

Antonio Carlos Jobim, Jorge Ben Jor, Hugh Masekela, Rique Pantoja, Gilberto Gil, Miriam Makeba

Glossario Scale Maggiori e Minori

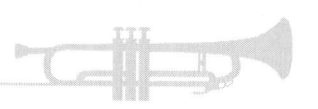

Qui di seguito sono riportati vari tipi di scale sempre partendo dal DO. Per ora vi aiuteranno ad acquisire dimestichezza con le posizioni e le qualità sonore più diverse. Sono specificati i nomi di ogni scala:

TRK 72:

C = DO MAGGIORE

W W H W W W H

TRK 73:

Cm ♭6 = DO Minore naturale (Eolica)

W H W W H W W

TRK 74:

C7 = DO 7 di Dominante (Misolidia)

W W H W W H W

TRK 75:

Cm ♭6 Maj7 = DO Minore Armonica

W H W W H W 1/2 H

TRK 76:

C Maj7 +4 = DO MAGGIORE 7ª + 4ª (Lidia)

W W W H W W H

TRK 77:

Cm Maj7 = DO Minore, 7ª Maggiore (Melodica)

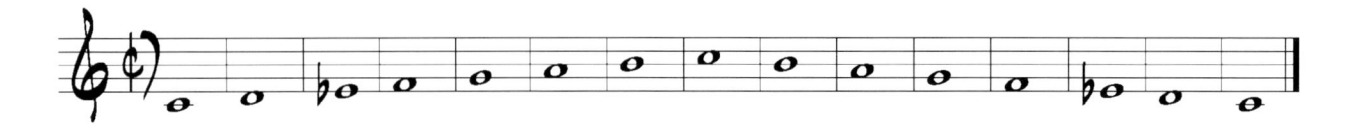

TRK 78:

C Maj7 ♭6 = DO MAGGIORE Armonica

TRK 79:

Cm 7 = DO minore 7ª (Dorica)

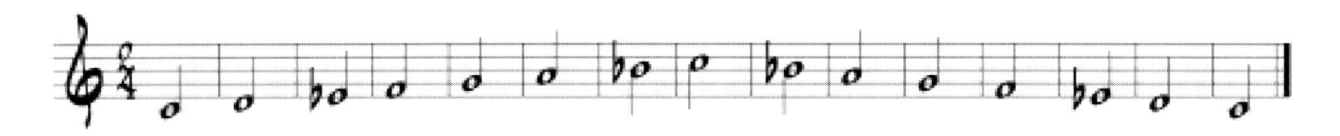

TRK 80:

C Maj7 +5, +4 = DO MAGGIORE 7ª (Lidia Aumentata)

TRK 81:

C m ♭9 ♭6 = DO Minore (Frigia)

TRK 82:

C7 ♭6 = DO MAGGIORE 7ª, 6ªbemolle (Indu')

TRK 83:

C Dim. = DO Diminuita

Fate in modo che la pratica di queste scale diventi una routine quotidiana, esercitando l'orecchio a riconoscere e carpire le sensazioni di ognuna (seriosa, o triste, romantica, imperiale, misteriosa, blues, ecc...) Ne esistono ancora molte altre, ma per i primi mesi, potrete anche sperimentare il "**trasporto**", ovvero leggere le stesse scale spostando la nota di partenza un semitono alla volta in tutte le 12 tonalità!

In chiusura, è presentata una raccolta di brani tipici per tromba; di vari stili ed epoche.
Ascoltate prima ogni base registrata seguendo la partitura e poi provate con lo strumento adeguando il sound, volume ed interpretazione all'accompagnamento che sentite.

La parte musicale scritta è semplificata; fate attenzione ai segni di **ritornello** (stanghette in grassetto con due puntini). Dovrete ripetere le battute all'interno.

Qui di seguito è riportata la diteggiatura per una estensione più completa:

Un Homme et une Femme

Words by Pierre Barouh - Music by Francois Lai

(Arr. G. Rosati)

Wedding March (Marcia Nuzioale)

Music by F. Mendelsshon

ALLEGRO VIVACE

(Arr. G. Rosati)

De Guello

Music by Dimitri Tiomkin

TRK 86

Lento (in 2)

2

When The Saints Go Marching In

TRADITIONAL
(Arr. G. Rosati)

007

Music by John Barry

The Pink Panther

Music by Henry Mancini

(Arr. G. Rosati)

Moderato

Como Eumir

Gabriel Rosati

JAZZ-FUSION

(VAMP) 4 times
| F min sus | Bb 6 | Ab Maj7 | Eb Maj7 |

SOLOS ON VAMP THEN BACK FROM 𝄋 TO ⊕ CODA

Gonna Fly Now (Theme of "Rocky")

Words and Music by Bill Conti, Ayn Robbins, Carol Connors

Allegretto

(Arr. G. Rosati)

© 1976, 1977 (Copyrights Renewed) by United Artists Corporation
All Rights Administered by EMI U CATALOG Inc.
EMI UNART CATALOG Inc. (Publishing) and ALFRED PUBLISHING Co. Inc. (Print)
All rights reserved. International Copyright secured.

(SEMPRE STACCATO..)

Brasil/Bahia Medley

Words and Music by Ari Barroso

TRK 92

Samba in 2

(Arr. G. Rosati)

Bass Intro ad lib.   (Rhythms)

(Tutto staccato leggero...)

BRAZIL

© 1939 for Brazil and Portugal by IRMAOS VITALE - Rio De Janeiro (Brasil)
© 1939 for all other countries of the world by SOUTHERN MUSIC Pubbl. Co. Inc. - New York
© 1941 by PEER INTERNATIONAL Corp. - New York
© 1946 by Edizioni SOUTHERN MUSIC s.r.l. - Milano
Italian Sub-Publisher: Edizioni SOUTHERN MUSIC s.r.l. - Piazza del Liberty, 2 - 20121 Milano
Tutti i diritti sono riservati a termini di legge. All rights reserved. International Copyright secured.

BAHIA (NA BAIXA DO SAPATEIRO)

© 1938 by Irmaos Vitale - Sao Paulo
© 1939 - 1944 by Peer International Corp. New York
© 1947 by Edizioni SOUTHERN MUSIC s.r.l. - Piazza del Liberty, 2 - 20121 Milano
All rights reserved. International Copyright secured.

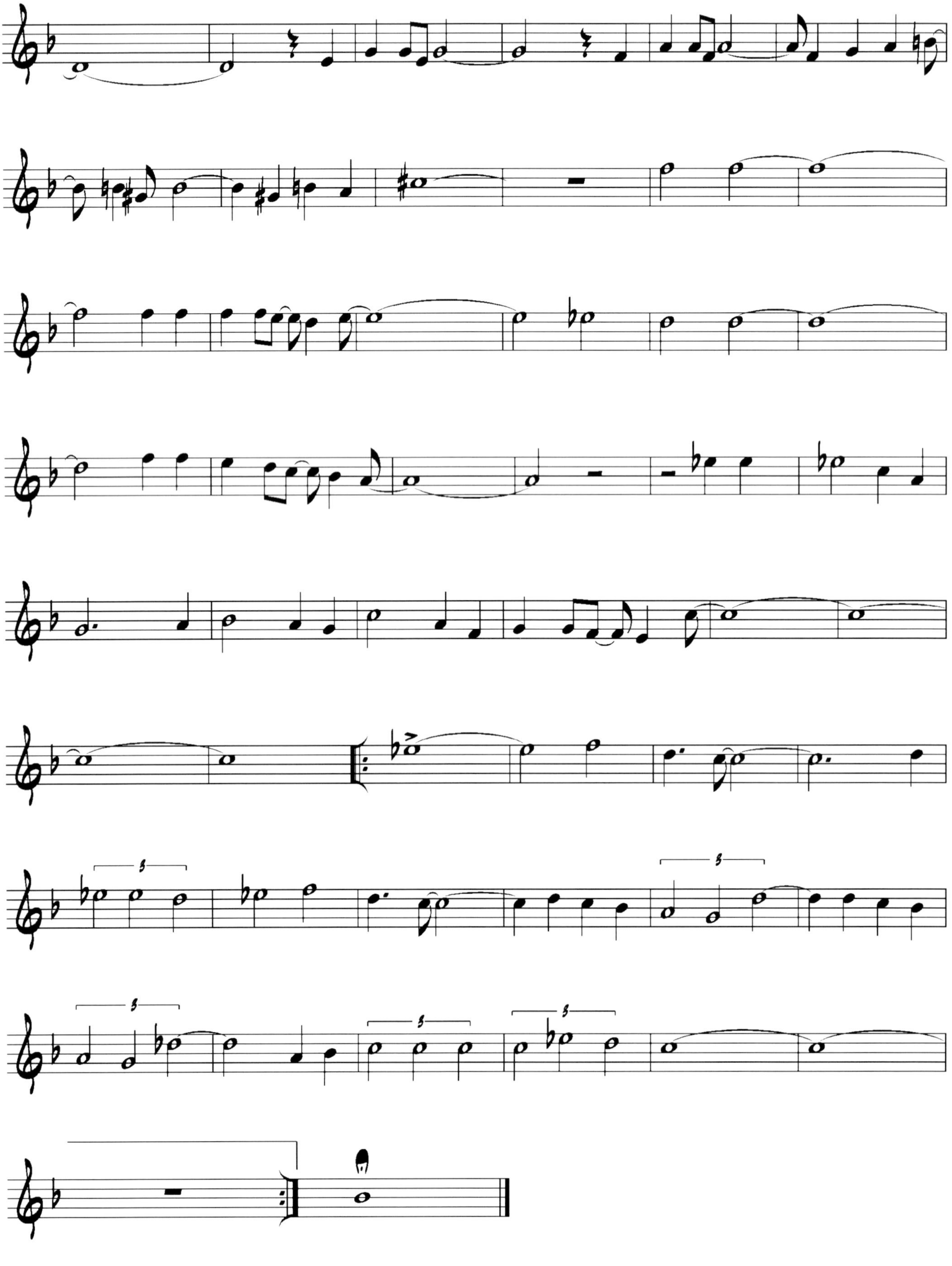

Bésame Mucho

Words and Music by C. Velazquez

(Arr. G. Rosati)

SALSA (IN 4)

VAMP x SOLO (4 TIMES): E min | A min | B

PIANO SOLO

FADE OUT...

© 1941 / 1943 by PROMOTORA HISPANO AMERICANA DE MUSICA S.A. - Mexico
© 1947 by Edizioni SOUTHERN MUSIC s.r.l. - Milano
Italian Sub-Publisher: Edizioni SOUTHERN MUSIC s.r.l. - Piazza del Liberty, 2 - 20121 Milano
All rights reserved. International Copyright secured.

Indice contenuto del CD Audio

Traccia 01	0.53	Traccia 33	0.14	Traccia 65	0.56
Traccia 02	0.19	Traccia 34	0.56	Traccia 66	0.08
Traccia 03	0.17	Traccia 35	0.49	Traccia 67	0.05
Traccia 04	1.00	Traccia 36	0.47	Traccia 68	0.07
Traccia 05	0.18	Traccia 37	0.52	Traccia 69	0.07
Traccia 06	0.14	Traccia 38	0.40	Traccia 70	0.15
Traccia 07	0.21	Traccia 39	1.15	Traccia 71	0.23
Traccia 08	1.17	Traccia 40	0.25	Traccia 72	0.28 *Scala Maggiore*
Traccia 09	0.49	Traccia 41	0.32	Traccia 73	0.33 *Scala minore 6ª bemolle (Eolica)*
Traccia 10	0.43	Traccia 42	0.45	Traccia 74	0.28 *Scala di 7ª di dominante (Misolidia)*
Traccia 11	1.03	Traccia 43	0.25	Traccia 75	0.40 *Scala minore con 6ª bemolle e 7ª Maggiore (minore Armonica)*
Traccia 12	0.16	Traccia 44	0.18		
Traccia 13	1.08	Traccia 45	0.26	Traccia 76	0.26 *Scala Maggiore 7ª con 4ª aumentata (Lidia)*
Traccia 14	0.23	Traccia 46	0.19		
Traccia 15	0.44	Traccia 47	0.26	Traccia 77	0.34 *Scala minore con 7ª Maggiore (Melodica)*
Traccia 16	0.30	Traccia 48	1.21	Traccia 78	0.54 *Scala di 7ª Maggiore 6ª bemolle (Armonica)*
Traccia 17	0.53	Traccia 49	0.38	Traccia 79	0.33 *Scala minore settima (Dorica)*
Traccia 18	0.45	Traccia 50	0.36	Traccia 80	0.41 *Scala di 7ª Maggiore con 4ª e 5ª aumentate (Lidia)*
Traccia 19	0.45	Traccia 51	0.23		
Traccia 20	0.45	Traccia 52	0.25	Traccia 81	0.35 *Scala minore Frigia*
Traccia 21	0.54	Traccia 53	0.15	Traccia 82	0.37 *Scala di 6ª bemolle (Indù)*
Traccia 22	0.46	Traccia 54	0.36	Traccia 83	0.58 *Scala Diminuita*
Traccia 23	0.24	Traccia 55	0.53	Traccia 84	3.12 *"Un Homme et Une Femme"*
Traccia 24	1.41	Traccia 56	0.17	Traccia 85	3.12 *"Marcia Nuziale"*
Traccia 25	0.16	Traccia 57	0.31	Traccia 86	2.38 *"Deguello"*
Traccia 26	0.15	Traccia 58	0.56	Traccia 87	2.13 *"When The Saints Go Marching In"*
Traccia 27	0.37	Traccia 59	0.17	Traccia 88	3.25 *"James Bond Theme"*
Traccia 28	0.41	Traccia 60	0.27	Traccia 89	1.29 *"The Pink Panther"*
Traccia 29	0.26	Traccia 61	0.26	Traccia 90	3.21 *"Como Eumir"*
Traccia 30	0.27	Traccia 62	0.20	Traccia 91	2.51 *"Rocky"*
Traccia 31	0.21	Traccia 63	0.26	Traccia 92	4.21 *"Brasil/Bahia Medley"*
Traccia 32	0.20	Traccia 64	0.46	Traccia 93	3.11 *"Besame Mucho"*